Gert Hellerich

Von einer Logik des Krieges zu einer Logik des Friedens

Gert Hellerich

Von einer Logik des Krieges zu einer Logik des Friedens

Frank & Timme
Verlag für wissenschaftliche Literatur

Umschlagabbildung: pixabay

ISBN 978-3-7329-0982-7
ISBN E-Book 978-3-7329-8956-0

Herstellung durch Frank & Timme GmbH,
Wittelsbacherstraße 27a, 10707 Berlin.
Printed in Germany.
Gedruckt auf säurefreiem, alterungsbeständigem Papier.

www.frank-timme.de

Inhaltsverzeichnis

Teil III
Das Ringen um Frieden

Einleitung

In Europa gab es seit dem Zweiten Weltkrieg, mit Ausnahme der Aufspaltung Jugoslawiens und des Nordirland Konfliktes, keinen größeren Krieg mehr. Doch nunmehr ist ein neuer brutaler Krieg ausgebrochen, der ganze Landstriche verwüstet und viele Tote und Verletzte auf beiden Seiten fordert. Während Europa über lange Zeit größtenteils vom Krieg verschont blieb, wüteten in anderen Teilen der Welt kriegerische Auseinandersetzungen, wie z. B. im Jemen, Mali, Sudan, Äthiopien, Somalia, Syrien und vielen anderen Ländern auf dem afrikanischen und asiatischen Kontinent. Nach der Arbeitsgemeinschaft Kriegsursachenforschung fanden im Jahre 2021 weltweit 22 Kriege und 6 sogenannte bewaffnete Konflikte statt.

Immer wieder brechen Kriege aus, die mithilfe neu entwickelter Waffensysteme gefährlicher und grausamer werden. Sie können Millionen von Menschenleben vernichten und großflächige Landschaften verwüsten. Es sind nicht nur die Krieger, die verletzt, verstümmelt oder gar bestialisch abgeschlachtet werden, nein auch die Zivilbevölkerung leidet unverhältnismäßig stark unter dem Krieg und sehnt sich nach Frieden. Aber oft sehen die Alltagsmenschen kaum Möglichkeiten, auf den Krieg einzuwirken oder ihn gar zu stoppen. Es scheint, als ob sie ihm hilflos ausgeliefert wären.

Aber warum können die Menschen nicht in Frieden leben – eine oft zu hörende Frage von grausam enttäuschten Menschen, die sich nach Frieden sehnen und einfach nicht verstehen können, warum es immer wieder Kriege gibt, wenn das Leben in Frieden so viel wünschenswerter, holdseliger und erfreulicher sein könnte, denn der Krieg zerstört alles Gute und Schöne auf Erden und jagt den Menschen Angst und Schrecken ein. Viele Soldaten, aber ebenso Zivilisten werden durch Kriege traumatisiert, d. h. ihr seelisches Leben wird verletzt und Rohformen der schlimmen Kriegserfahrungen werden im Gedächtnis abgespeichert. Warum kommt es zum Krieg? Liegen die gewaltsamen Anlagen im Menschen selbst? Ist es die Natur des Menschen, aggressiv zu sein oder sind es eher die sozialen, ökonomischen und politischen Verhältnisse, die dafür verantwortlich sind, denn durch mangelnde Bedürfnisbefriedigungen oder niedrige Lebensqualität können frustrierende, Wut, Zorn und Ärger auslösende Reaktionen hervorgerufen werden, die wiederum heftige Aggressionsneigungen erzeugen können.

Während im friedlichen Zusammensein, die Menschen sich als Mitmenschen gebärden und der andere Mensch im Alltagsleben als Nächster gesehen werden kann, scheint es im Krieg zu einer furchterregenden Transformation der menschlichen Beziehungen zu kommen. Man fragt sich, warum Leute, die zuvor Freunde waren, wie dies z. B. im früheren Jugoslawien der Fall war, nach dessen Aufspaltung allmählich zu Fremden und Feinden wurden. Ähnliches gilt für Zypern, wo die Menschen ein freundschaftliches Verhältnis zueinander hatten, bis es durch Mächte von außerhalb in Nord- und Süd-Zypern aufgespalten wurde und sich gegenseitige Aggressionen zwischen den Bewohnern des Nordens und des Südens aufbauten. Auch die Ukrainer und die Russen lebten während der Sowjetunion friedlich nebeneinander und durch den aufkommenden Nationalismus wurden Freunde zu Feinden. Wie kommt es zu solch einer kaum nachzuvollziehenden Transformation? Wie kann dieser Wandel erklärt werden?

Kaum zu begreifen ist auch die Transformation des Denkens und Verhaltens eines Soldaten von Zuständen des Friedens zu denen des Krieges. Während er in einer zivilen Gesellschaft mit bestimmten Wertmaßstäben sozialisiert wurde, nämlich den anderen Menschen zu schätzen und zu würdigen und es verboten ist, ihn zu verletzen oder ihn gar zu töten, tritt im Krieg nunmehr eine totale Umkehr dieser früheren Sozialisation ein. Jetzt ist die neue Botschaft: Töte so viele Menschen, die deine Feinde sind, wie nur möglich. Je mehr Feinde du tötest, desto mehr Ruhm trägst du davon und kannst dich deiner heldenhaften Taten erfreuen. Wie kann es zu solch einer Transformation der menschlichen Werte, zu solch einer negativen Umwertung der Werte, kommen?

Die Absurdität des Krieges manifestiert sich u. a. auch darin, dass erstens jede Kriegspartei sich für den von ihr geführten Krieg zu rechtfertigen vermag. Es scheint immer wieder ein Grund gefunden zu werden, warum ein Krieg notwendig wurde. Bei dem Krieg der Russen gegen die Ukrainer, um nur ein Beispiel zu nennen, war es aus russischer Sichtweise heraus die Behandlung der russischen Population in der Ukraine, die als Fremde und

Feinde wahrgenommen wurden und zu Bürgern zweiter Klasse degradiert wurden sowie die bedrohliche Einkreisung durch die Nato. Die Ukrainer dagegen rechtfertigten den Krieg als nationale Verteidigung gegen den russischen Angriffskrieg und als eine selbstverständliche Pflicht oder Ehrensache. Eine zweite Absurdität des Kriegsverlaufes liegt darin, dass die Meinung vorherrscht, man könne mit mehr Waffen den Frieden herbeibomben, ohne zu bedenken, dass mehr Waffen mehr Menschen verletzen, töten und ganze Landstriche vernichten können, sowie eine Spirale von Gewalt durch immer neuere und wirksamere Waffen auszulösen vermögen. Die größten Verlierer sind die Menschen, die größten Profiteure sind die Rüstungsfirmen; ihre Gewinne steigen ins Endlose. Die dritte Absurdität ist die, dass der Krieg der Vater aller Dinge sei, wie dies Heraklit formulierte, und nicht nur Vernichtung mit sich bringe, sondern er auch Fortschritt erzeuge, er also etwas Neues, quasi eine Neuschöpfung hervorbringe. Viele friedensliebenden Menschen mögen diese Sichtweise als zynische oder gar schamlose Behauptung abtun, denn ihrer Meinung nach sollte gerade zu Friedenszeiten extensiver Fortschritt, ohne gewaltsame äußere Störungen, möglich sein. Es mag sein, dass man einem furchtbar wütenden Schrecknis des Krieges noch unbedingt etwas Positives und Nützliches abverlangen will.

Nach der Analyse des Krieges stellt sich die Frage nach den Möglichkeiten, Frieden zu schaffen. Die wesentliche Frage dabei ist, wie und wodurch die Menschheit einen Wandel vollziehen könnte und von der Kriegslogik zu einer Friedenslogik vorzudringen vermag. Ist Frieden etwas, das aus dem Menschen selbst heraus entwickelt werden muss? Etwa eine neue Gemüts- und Geisteshaltung der Friedfertigkeit? Beginnt Frieden im Innern des Menschen und wird dann auf die Umgebung ausgestrahlt? Oder müssen nicht andere soziale, politische und ökonomische Bedingungen in der Welt geschaffen werden, quasi eine neue, sinnvolle Lebensqualität für die Menschen weltweit eröffnet und entwickelt werden, um Kriege zu vermeiden? Fragen, die sich im Denken und Handeln einer Friedendkultur stellen, um Gewalt zu verhindern und auf eine gewaltlose Lösung diverser Konflikte in der Welt hinzuarbeiten. Eine Friedenskultur versucht, die zerstörerischen Emotionen, wie Hass, Wut und Rache, die kriegerischen Auseinandersetzungen zugrunde liegen, zu überwinden, denn ohne diese negativen Emotionen werde, so die Konzeptionen der

Friedenskultur, der Krieg unwahrscheinlicher. Aber Ist solch eine Vorstellung nicht utopisch oder jenseits realer Gegebenheiten?

Es scheint so, als ob auf der globalen Ebene immer wieder Konflikte auftreten, die zu einer Gewaltspirale beisteuern und es oft jahrelang zu keiner Lösung kommt, was insbesondere in Teilen Afrikas und Asiens zu beobachten ist. So geht der Krieg weiter und weiter und zunehmend mehr Menschen werden verletzt und getötet. Die Sehnsucht nach Frieden ist weitverbreitet, doch der Krieg hört nicht auf. In einer Friedenskultur geht es darum, diese ständigen Konflikte, soweit dies möglich ist, gewaltfrei zu lösen. Aus den Konflikten dürfen sich keine Feindbilder, die oft Voraussetzungen für kriegerische Auseinandersetzungen sind, entwickeln, denn diese Konstruktionen von Feinden führen häufig dazu, gewaltsame Konfliktbearbeitungen in Betracht zu ziehen. Es muss sich im Denken der Menschen einprägen, dass Gewalt kein Mittel der Konfliktlösung sein kann. Gewalt muss im Vorfeld verhindert werden und sollte es bereits zu Gewalt gekommen sein, müssen umfangreiche Friedensbemühungen eingeleitet werden – eine Art von sekundärer Gewaltprävention. Am sinnvollsten wäre es zweifelsohne, die primäre Gewaltprävention, d. h. Gewalt in Krisen und Konflikten bereits im Vorfeld zu verhindern. Wie und wodurch wäre solch eine Primärprävention denkbar? Viele Menschen sind der Meinung, dass es utopisch oder illusionär in der heutigen Zeit sei, die von so vielen gewaltsamen Konflikten geprägt ist, an eine Friedenslogik zu glauben. Aber gab es nicht schon Menschen, die der Welt zeigten, dass Konflikte, wie z. B. Rassenkonflikte (Beispiel Martin Luther King) oder Kolonialkonflikte (Beispiel Gandhi) ohne Gewalt gelöst werden konnten?

Da es immer noch so viele Krisen- und Konfliktgebiete in der Welt gibt, stellt sich die Frage, wie in diesen Gebieten das Ausbrechen eines Krieges verhindert werden könnte. Prävention oder auch präventive Diplomatie ist seit einiger Zeit zum Schlagwort geworden. Es soll früh interveniert werden, um Schlimmeres zu verhindern. Ist es nicht sinnvoll, auf eine Gewaltprävention hinzuarbeiten und zahlreiche Friedenskräfte, statt bewaffnete Milizen, in die Krisenregionen zu schicken? Hat jedoch die Kriegslogik die Friedenslogik besiegt und es kommt bereits zu kriegerischen Auseinandersetzungen, dann ist es an der Zeit, möglichst schnell Gegensätze der Kriegsparteien zu überbrücken und falls diese Möglichkeit nicht realisierbar ist, sollten Schlichter als Vermittler eingeschaltet werden, um die Todesmaschinerie zu stoppen, denn jedes Leben ist so kostbar und es sollte nicht Opfer eines bestialischen Krieges werden.

Die vorgesehene Arbeit weist drei Teile auf. Im ersten Teil werden der Krieg und seine verheerenden Folgen diskutiert, sowie das Warum des Krieges erforscht. Darüber hinaus wird die Transformation der Menschen im Krieg recherchiert. Erstens geht es um die Verwandlung des Mitmenschen, der durch den Krieg zum Fremden und Feind konstruiert wird und zweitens um die Verwandlung des Kriegers im Krieg selbst, denn ein friedfertiger Mensch, der in seinen wildesten Träumen nie daran gedacht hätte, einen anderen Menschen zu töten, wird nunmehr zum Killer. Wie kann es zu solch einer Transformation kommen?

Im zweiten Teil der Arbeit sollen kriegerische Vorstellungen, die zynisch und absurd klingen, wie die, dass erstens der Krieg zum Fortschritt führen könne oder dass zweitens Frieden durch mehr und mehr Waffen geschaffen werden könne oder es drittens einen gerechten Krieg oder eine Rechtfertigung eines Krieges geben könne, untersucht und hinterfragt werden.

Im dritten Teil der Arbeit soll schließlich auf die Sehnsucht nach Frieden eingegangen werden. Um Frieden zu schaffen, muss ein völliges Umdenken erfolgen – weg von einer Kriegs- zu einer Friedenslogik. Es muss zu einer anderen Art der Konfliktverarbeitung kommen. Wie oder in welcher Form könnte sich diese positive Gestaltungskraft zeigen und welche wohlwollenden Effekte könnten davon ausgehen?

TEIL I

UNMENSCHLICHE KRIEGE UND DIE TRANSFORMATION DES MENSCHEN ZUR BESTIE

1 Die Realität des Krieges: die Herrschaft des Schreckens

Clausewitz: Das Wesen des Krieges

Bevor auf die Realität des Krieges eingegangen wird, soll zunächst einmal dessen Wesen erschlossen werden. Keiner hat diese Thematik so tiefgründig erörtert wie Karl von Clausewitz. In seinem Buch *Vom Kriege* (2019), das noch in vielerlei Hinsicht bis in die heutige Zeit hinein als modernste strategische Theorie des Krieges gilt, beschreibt er die staatspolitischen Ziele, die die Anwendung der Gewalt notwendig machen. „Auch in der Gegenwart erfreut sich die Clausewitzsche Theorie immer neuer Rezeptionskonjunkturen, in denen sich ihr Potential zur analytischen Durchdringung des Kriegsgeschehens bewährt" (Münkler 2008). Drei seiner Thesen stechen hervor: In seiner ersten These zeigt er, dass der Krieg „nichts als die fortgesetzte Staatspolitik mit anderen Mitteln" ist (Clausewitz 2019, Buch 1, 1. Kap.). das heißt: Politik hat den Krieg erzeugt und der Krieg selbst ist lediglich ein Instrument; somit hat der Krieg kein autarkes Wesen und „keine eigenständige Logik – sonst müssten Auseinandersetzungen gleich einer chemischen Reaktion immerfort nach demselben Eskalationsmuster verlaufen. Dies war aber, wie Clausewitz betonte, nie der Fall" (Wikipedia 2023). In seiner zweiten These vergleicht Clausewitz den Krieg mit einem erweiterten Zweikampf. „Jeder sucht den anderen durch physische Gewalt zur Erfüllung seines Willens zu zwingen. Der Krieg ist ein Akt der Gewalt und es gibt in der Anwendung der Gewalt keine Grenzen" (Clausewitz ebenda). In der dritten These weist er daraufhin, dass „menschenfreundliche Seelen" im Krieg fehl am Platze sind. Es gibt kein „Entwaffnen oder Niederwerfen des Gegners, ohne zu viel Wunden zu verursachen" (ebenda). Man muss „diesen Irrtum doch zerstören, denn in so gefährlichen Dingen, wie der Krieg eins ist, sind die Irrtümer, die aus Gutmütigkeit entstehen, gerade die

Schlimmsten“ (ebenda). Die Schlussfolgerung ist, dass im Krieg nur derjenige gewinnt, der sich der Gewalt rücksichtslos zu bedienen weiß.

Da zum einen Gutmütigkeit im Krieg nach Clausewitz nicht angebracht ist und durch Streitsüchtigkeit und Gehässigkeit ersetzt wird und da zum anderen der Anwendung der Gewalt keine Grenzen gesetzt werden, bleiben der Menschheit grausame Kriege nicht erspart, in welchen die menschliche Würde völlig verlorengeht und der Mensch zur Bestie wird. Anhand größerer Kriege, wie z. B. am dreißigjährigem Krieg, der als erste große Katastrophe der Neuzeit bezeichnet werden kann, am Zweiten Weltkrieg, der zum verlustreichsten Krieg der Moderne gezählt wird, bis hin zu dem als Kolonialkrieg konzipierten Vietnam-Krieg, soll das Barbarische und das überall Schrecken und Angst Auslösende des Krieges veranschaulicht werden, um auf das Bewusstsein einzuwirken und darauf hinzuarbeiten, solch ein Übel in der Zukunft zu vermeiden. Wenn der Krieg keine Grenzen mehr kennt, sowie keiner mehr weiß, was auf ihn zukommt und der Krieg die Krieger völlig enthemmt, dann lebt jeder in totaler Unsicherheit, Unberechenbarkeit, Gefahr und Angst. Daher muss darauf hingewirkt werden, durch präventive Strategien in Form von Vorfeldaktivitäten, Kriege zu verhindern. Es darf nicht dazu kommen, dass der Krieg im Sinne von General Carl von Clausewitz die Fortsetzung der Politik mit anderen, bestialischen Mitteln ist. Nach Clausewitz darf der Krieg nicht zum absoluten Krieg und nicht zum Selbstzweck werden. Die Politik wird aufgefordert, Wege zu finden, den Frieden sowohl auf nationaler wie auch auf internationaler Ebene durch Gespräche, Verhandlungen und Diplomatie zu verfolgen, was den Ausbau diverser, vielfältiger Kommunikationsnetze sinnvoll erscheinen lässt und eine stetige Offenheit anderen Menschen und anderen Ländern gegenüber voraussetzt.

Der dreißigjährige Krieg als Beispiel einer humanitären Katastrophe der Neuzeit

Josef Schmid (2008) argumentiert, dass der Dreißigjährige Krieg (1618–1648) „die Urkatastrophe der Neuzeit“ gewesen sei. Er wurde erstens aus religiösen Gründen geführt – die Katholiken kämpften gegen die Protestanten und die

Protestanten gegen die Katholiken. Zweitens waren politische Gründe für den Krieg verantwortlich, nämlich der Drang nach Vorherrschaft in Europa und zudem die Aneignung von Ländereien. Bei den blutigen und oft bestialischen Kämpfen ging es um Macht, um Einfluss und um Länder.

Der Krieg begann am 23. Mai 1618, als Angehörige des böhmischen Adels katholische Ratsherren aus dem Fenster warfen, was als bekannter Prager Fenstersturz in die Geschichte einging. Die protestantischen Adligen befürchteten weitgehende Beschneidungen ihrer Rechte. Der Krieg ernährt den Krieg, wie dies Schiller einmal zum Ausdruck brachte und er wurde immer heftiger und rücksichtsloser. Die Menschen gerieten in den Dörfern und Städten, Christian Pantle (2017) zufolge, immer wieder in panische Angst. Der Schrecken war ihnen fortwährend in die Glieder gefahren, viele Häuser wurden während des Angriffs niedergebrannt, ganze Gegenden verwüstet, Eigentum wurde beschlagnahmt und dessen Anhänger getötet. Hier wurde eine bislang noch nicht bekannte dunkle Seite des Menschen sichtbar, die grausame Morde beging und andere Menschen misshandelte – ein kultureller Zusammenbruch der europäischen Werte und der Humanität. Wie kann der Krieg aus einem friedlichen Bürger ein Monster machen? Das folgende Beispiel zeigt die Transformation des vor dem Krieg noch friedlichen Bürger hin zum blutgierigen grausamen Monster. In der Rheinpfalz begann das Leiden der Bevölkerung als Gallus das Land besetzte. „So sollen die fremden Soldaten Stadtbewohner gefoltert und in Öfen verbrannt haben. Beim sogenannten ‚Schwedentrunk' wurde der Gefangene gezwungen, so viel Brackwasser zu schlucken, dass sich der Körper aufblähte. Danach wurde ihm in den Bauch getreten, und das Wasser trat durch alle möglichen Körperöffnungen aus" (Rheinpfalz 2018).

Einer der Tiefpunkte des Krieges war die Zerstörung Magdeburgs, als Truppen des Kaisers, der katholischen Liga und des bayrischen Feldherrn Tilly nach mehrfacher Belagerung die protestantische Stadt eroberten und es aufgrund eines sich zum Feuersturm entwickelten Brandes zur völligen Vernichtung Magdeburgs kam. „Die meisten Menschen sind in den Kellern erstickt, wo sie sich vor den Angreifern versteckt hatten. Es spielten sich grauenhafte Szenen ab" (Wilson 2018). Man kann dieses Kriegsphänomen als „Teufelskreis des Schreckens" (ebenda) bezeichnen.

Dem kulturellen Verfall folgte der wirtschaftliche Verfall. Die Versorgungslage der Bevölkerung konnte nicht mehr sichergestellt werden. Die Soldaten plünderten, wo immer das möglich war und aßen Bauernhöfe kahl. In ausgehungerten Gegenden seien „neben Hunden, Katzen und Mäusen auch Leichen, die man aus ihren Gräbern scharrte, gegessen worden und Soldaten hätten angeblich sogar Kinder erschlagen, um sich an ihrem Fleisch gütlich zu tun" (Roeck 2018). Hans Medick konzipiert diese Bestialität als „eine reale, der Verzweiflung entsprungene Überlebenspraxis, die als ‚Notkannibalismus' bezeichnet wurde" (Medick 2018, S. 173). Im Krieg scheinen jegliche menschlichen Grenzen des kulturell Erträglichen überschritten zu werden und der Abschaum der Menschheit in aller Deutlichkeit sichtbar zu werden. Die Kriegsparteien bedienten sich rücksichtsloser Gewalt und Jesu Friedensbotschaft und Nächstenliebe wurde sowohl von den Katholiken wie auch den Protestanten ignoriert. Statt der von Jesus geforderten grenzenlose Liebe kam es im dreißigjährigen Krieg zur grenzenlosen Gewalt.

Der 2. Weltkrieg als Beispiel einer grauenhaften Expansionspolitik

Der größte und verlustreichste Krieg aller Zeiten war der Zweite Weltkrieg, als Deutschland in Europa und Japan im Pazifik ihren Nachbarländern den Krieg erklärten. Das „Centre Européen" geht in seiner historischen Analyse auf die zu Konflikten führenden Machtinteressen ein, indem es wie folgt argumentiert:

> „Der Zweite Weltkrieg ist nicht nur ein Kampf der Demokratie gegen den Faschismus, sondern auch ein Kampf der Weltmächte um die Aufteilung der Welt. Der deutsche Imperialismus versucht Europa zu erobern und will vor allem die Niederlage der Sowjetunion, um sich eine wirtschaftliche Grundlage zu sichern, von der aus er mit den Vereinigten Staaten konkurrieren kann. Der japanische Imperialismus strebt den Aufbau eines Imperiums im Osten an, um die Ressourcen Chinas und Südostasiens ausbeuten zu können. Großbritannien und Frankreich haben bereits ein Imperium, das sie erhalten wollen. Die

Vereinigten Staaten benötigen die gesamte Welt, um die Fortführung ihrer ökonomischen Expansion zu sichern. Aus diesem Grund sind die Vereinigten Staaten dem deutschen und japanischen Imperialismus gegenüber feindlich gestimmt. …Jeder der wesentlichen Feinde in dem 1939 ausgebrochenen Krieg, haben Machtinteressen, die es zu verteidigen und voranzubringen gilt; Interessen, die unausweichlich zu Konflikten zwischen den Einen und den Anderen führen" (Stock 2015, S. 2).

Diese Expansionspolitik hat 60–70 Millionen Menschen das Leben gekostet und Angst und Schrecken in die Welt gebracht. In dem Kriegsepos von Terrence Malick „Der schmale Grat", der auf den Ereignissen des Zweiten Weltkrieges basiert und dem der Roman von James Jones zu Grunde liegt, werden signifikante Fragen im Hinblick auch auf das im Krieg von Menschenhand begangene Übel aufgeworfen: Woher kommt dieses Böse, das sich Menschen einander antun? Wie stiehlt sich das Böse in unsere Welt? Warum haben wir das Gute verloren, das uns gegeben war? Private Witt bringt die Tragödie des Krieges auf den Punkt, wenn er die Wirkungen auf denjenigen Menschen beschreibt, der im Krieg Schreckenstaten ausübt: „Durch den Krieg werden die Menschen nicht edler, er macht sie zu Hunden, vergiftet die Seele" (siehe Malicks Film, Der schmale Grat 1999 und Jones Buch 1962).

Schlimm erging es der jüdischen Bevölkerung im Dritten Reich, die in Konzentrationslagern untergebracht wurden, wobei ein Großteil vergast wurde. Ähnlich erging es der Population der Sinti und Roma, die sich schon seit 600 Jahren im Deutschen Raum niederließen. Ebenso wurden Kommunisten, Andersdenkende, psychisch Kranke u. viele sonstige Abweichler vom Naziregime verfolgt und ermordet. Die Nazis verübten so viele Verbrechen an der Menschheit, dass ein großer Sammelband nicht alle aufnehmen könnte. Einige der Gräueltaten sollen hier kurz aufgezeigt werden, um das unmenschliche, unbarmherzige und bestialische Verhalten der Krieger zu beschreiben, welches so viele Menschen in panische Angst versetzte und bei ihnen Bestürzung und Entsetzen auslöste.

Ein Beispiel ist das Massaker von Babyn Jar. Nationalsozialisten erschossen am 29. und 30.September 1941 in einer Schlucht in der Nähe der Stadt Kiew über 30.000 Juden. Diese Massenerschießung war die größte Einzelaktion des Krieges in Europa. Diese Gräueltat – Massenerschießungen durch Genickschuss – wird oft als „Holocaust durch Kugeln“ bezeichnet (siehe Hoppe 2021). Versetzt man sich in die Lage dieser Juden, die in Reihe und Glied stehen und auf den Moment warten, abgeschlachtet zu werden. Was geht wohl in ihnen vor sich? Sie nehmen das Schreckliche vorweg, der Nächste, durch Genickschuss Getötete zu werden. Welches beängstigende Gefühl beschleicht solch einen Menschen, der mit Sicherheit weiß, bald nicht mehr zu leben? Man kann nachempfinden, wie die Hände, Beine sowie Knie zitterten und wie er am ganzen Leib schnatterte.

Ähnliche Gefühle müssen die Menschen in dem griechischen Dorf Kalavrita gehabt haben, als am 13.12.1943 Soldaten der Wehrmacht das ganze Dorf überfielen und hunderte von Zivilisten ermordeten (siehe Bundeszentrale für politische Bildung 2018). Schrecklich wie diese Vernichtungsaktion vollzogen wurde, die als „Holocaust von Kalavrita“ bezeichnet werden könnte (siehe Chrysopoulos 2021). In den frühen Morgenstunden wurden alle Bewohner des Dorfes aufgefordert, sich in das dortige Schulgebäude zu begeben und danach trennten die Nazis die älteren Jungen und Männer, die zu einer hügeligen Gegend gebracht wurden von den Frauen und Kindern, die in einer Volksschule eingesperrt wurden. Die Wehrmacht erschoss beinahe alle Männer und Jungen – beinahe, weil der eine oder andere bei der Erschießung von mehr als 400 Dorfbewohnern unter den vielen Leichen lag und sich nach Abzug der deutschen Soldaten retten konnte. Danach zündeten sie die Schule und weite Teile des Dorfes an, darunter auch das Agia Lavra Kloster, das griechische Kennzeichen des Unabhängigkeitskrieges von den Osmanen. Wie durch ein Wunder entkamen die Frauen und Kinder den Flammen. Es wird sogar vermutet, dass einer der vielen brutalen Soldaten Mitleid mit ihnen hatte und unbemerkt eine Tür der Schule aufschloss, um ihnen die Flucht zu ermöglichen. Wäre das tatsächlich so gewesen, dann könnte man vielleicht davon ausgehen, dass ein menschliches Gefühl immer noch in dem einen oder anderen, auf Vernichtung des Feindes ausgerichteten Soldaten schlummerte. Gutmütigkeit hätte auf jeden Fall nicht der These Clausewitz’ entsprochen, denn er betrachtete diese Tugend als Irrtum im Kriege. Solch eine würdige und mögliche menschliche Hilfeleistung ist in der Tat in Kriegszeiten selten. Das Dorf war jedoch nach den Gräueltaten der Nazis zumeist ein Dorf der Witwen und ein vaterloses Dorf geworden. Alle waren schockiert und traumatisiert, waren depressiv und litten unter Schlaflosigkeit. Die traumatischen Erlebnisse wirkten oft so, als ob sich das Geschehen gerade erst ereignet hätte.

Massaker begingen auch die mit Deutschland verbündeten Japaner im Zweiten Weltkrieg. In einer Säuberungsaktion gegen die überseechinesische Bevölkerung, kurz nach der Eroberung Singapurs, wurden mindestens 50.000 Chinesen ermordet (Purge through cleansing). In dem berüchtigten Sook-Ching Massaker gab ein japanischer Kommandeur den Befehl, dass alle männlichen Chinesen zwischen 18 und 50 Jahren zu dem, von Stacheldraht umgebenen Verhörzentrum gebracht werden sollten, um ihre Flucht zu vermeiden. Die Verdächtigen wurden mit Lastwagen zu den Stränden gebracht und dort entweder ertränkt oder „im Wasser stehend bzw. auf der See erschossen". Mehrere wurden enthauptet und „die abgeschlagenen Köpfe zur Schau gestellt, um ein warnendes Beispiel zu geben" (Seewald 2021). Diese verbrecherischen Strategien führten dazu, dass die Menschen durch die Gräueltaten in Angst und Entsetzen versetzt wurden und keine Opposition aufkam. Die japanischen Kriegsverbrechen können als „asiatischer Holocaust" bezeichnet werden. Sie bringen das Unaussprechliche und das Undenkbare ans Licht (siehe Blumenthal 1999). Zunehmend wird Sook-Ching nicht nur als ein Massaker, sondern als Genozid eingestuft, denn die japanische Rasse fühlte sich als höherwertig gegenüber allen anderen Rassen Asiens (Singsank 2022), ähnlich den Ariern, die sich Juden, Slaven oder Russen überlegen fühlten. Ein durch Absicht vollzogener Genozid ist ein Völkermord und wird als eines der schlimmsten Verbrechen (crime of crimes) verurteilt.

Der Vietnamkrieg als Beispiel einer entsetzlichen Kolonisierung

Im Jahre 1954 feierte Vietnam seine Unabhängigkeit von Frankreich. Nach der Loslösung von Frankreich kam es zur Spaltung des Landes in Südvietnam und Nordvietnam und zu kriegerischen Auseinandersetzungen zwischen den beiden Landesteilen. Der Norden war im Gegensatz zum Süden kommunistisch und nationalistisch. Der Norden wurde von den kommunistischen Ländern China und der Sowjetunion unterstützt, während Südvietnam sich von den USA Hilfe versprach. Die USA waren in dem damaligen Kalten Krieg ohne Weiteres gewillt, dem nicht-kommunistischen Süden militärische Unterstützung zukommen zu lassen, denn die Supermacht USA wollte eine weitere Ausdehnung des Kommunismus in Südostasien verhindern. De Amerikaner vertraten die Domino-Theorie, dass wenn ein Domino fällt, weitere fallen könnten. Dieser kommunistische Vormarsch galt es mithilfe von Waffenlieferungen und dem Einsatz von Soldaten zu vereiteln. Sie wurden zum Bündnispartner Südvietnams.

Vietnam war nach zehn Jahren Krieg verwüstet. Der Krieg kostete Millionen das Leben. Nicht nur vietnamesische Soldaten kamen massenweise ums Leben, sondern auch viele Zivilisten. Die Zahl der getöteten amerikanischen Soldaten betrug ungefähr 80.000. Auch in Vietnam, wie in anderen Kriegen manifestierten sich kaum zu glaubende, unvorstellbare Verbrechen gegen die Menschlichkeit. Diese von Menschen verübten Gräuel der Verwüstung versetzte das ganze Land in panischen Schrecken. Erik Fischer spricht von der vollständigen „Entgrenzung“ der menschlichen Hemmungen in der amerikanischen Armee. Aber das Gleiche galt auch für die anderen Beteiligten Im Krieg, sowohl für die Südvietnamesen und die Südkoreaner, die an der Seite der USA kämpften, wie auch für die Nordvietnamesen und den Vietcong. Sie alle fühlten sich im Krieg ermächtigt, diejenigen zu töten, die sie als Feinde betrachteten. Die bislang noch keinen Guerrilla-Krieg führenden Amerikaner hatten es bei ihrem bislang ungewohnten Einsatz in Vietnam besonders schwer, da es kein konventioneller, ihnen vertrauter Krieg war, denn er war „von Angriffen aus dem Hinterhalt, Sprengfallen, dem Verlust enger Kameraden und allgemein dem Gefühl der Hilflosigkeit angesichts eines unsichtbaren und allgegenwärtigen Feindes geprägt“ (Fischer 2009, Einleitung).

Anhand einiger Beispiele sollen nunmehr die Kriegsverbrechen aller Beteiligten beschrieben werden und es soll gezeigt werden, dass, wie Sophokles es einmal formulierte, nichts gewalttätiger als der Mensch sein kann. Nichts kann dem Menschen auch mehr Angst und Schrecken einjagen als ein überaus blutiger Krieg.

Im Januar 1968 beklagte bereits ein General der amerikanischen Armee in einem Memorandum über „Verwahrlosungen, Plünderungen und Brutalitäten“ in der Truppe, die seiner militärischen und ethischen Vorstellung des Krieges widersprachen. Doch all diese Verstöße hatten keine Konsequenzen oder Disziplinierungen zur Folge (siehe Rademacher 2016). Diese Unachtsamkeit trug dazu bei, dass diese Kriegsverbrechen sich ausweiteten und ihren absoluten Tiefpunkt im My Lai Massaker finden konnten. Dem My Lai Massaker war eine „clearing operation“ vorausgegangen, die zum Ziel hatte, „sich mit dem Feind auseinanderzusetzen und Brunnen, Vieh- und Lebensmittelgeschäfte zu zerstören, die zur Versorgung der Vietcong verwendet wurden“ (Alpha History 2019). Bei der Durchkämmung des Vietcong-Gebietes wurden die Amerikaner am 16. 03.1968 bei der Einnahme von My Lai zu Schlächtern, obwohl auf die Soldaten kein einziger Schuss abgefeuert wurde. Nirgendwo waren Bewaffnete, vielmehr hielten sich nur friedliche Zivilisten in der Gegend auf. Ungefähr 500 Zivilisten wurden auf grausamste Weise ermordet. Darunter waren Kinder, die nur einige Wochen alt waren, manche Bewohner/innen waren im Greisenalter und die meisten waren Bauern im mittleren Alter. Die Amerikaner hatten bei dem Massaker keine Verluste zu verzeichnen, weil die Bevölkerung keinen Widerstand leistete, sondern sich willenlos ergab (siehe Greiner2008). Neben den mehr als 200 Kriegsverbrechen in Vietnam sei noch kurz eines erwähnt, nämlich das Massaker von Binh Hoa. Bei diesem brutalen Angriff der Südkoreaner, die mit den Amerikanern zusammen kämpften, kamen über 400 unbewaffnete Bürger im Dorf Binh Hoa ums Leben. die meisten Opfer waren Frauen, ältere Menschen und Kinder. „Die südkoreanischen Soldaten brannten alle Häuser nieder und töteten nach den Gräueltaten Hunderte von Kühen und Büffeln“ (Wiki Brief 1966).

Auch der Vietcong beging Gräueltaten. Eines dieser Massaker fand in Dak Son statt, das als „night of terror“ (siehe Time Magazine 1967) bezeichnet wurde. Die Gewalt richtete sich gegen die kommunistenfeindlichen Montagnards, die ausgerottet werden sollten. Dabei wurden Hütten und Unterstände in Brand gesetzt und die dortigen Bewohner/innen mit Flammenwerfern ermordet. „The shrieking refugees still inside their houses were incinerated“ (ebenda). Viele von ihnen flohen in Erdverschläge, wo sie durch die Rauchentwicklung der brennenden Häuser erstickten. „Many of those who had time to get down into dogholes beneath the houses were asphyxiated" (ebenda).

Neben den Massakern wurden von den Amerikanern auch tödliche chemische Waffen im Vietnam Krieg eingesetzt. Es wurde das hochgiftige Dioxin TCDD großflächig versprüht, das unter dem Namen „Agent Orange" bekannt wurde. „Ziel war die Entlaubung der dichten Wälder, um die Verstecke und Versorgungswege des Feindes (Vietcong) aufzudecken. Außerdem wurden auch aus Flugzeugen und Helikoptern Ackerflächen besprüht, um dem Vietcong die Nahrungsgrundlage zu entziehen" (Freund 2021). Dieses Gift soll das Land und die dort wohnenden Menschen über Jahrzehnte vergiftet haben und Millionen Menschen sollen noch an den Spätfolgen leiden. Im Gegensatz zu Agent Orange konnte das chemische Kampfmittel „Yellow Rain" (gelber Regen), das von der Sowjetunion und der vietnamesischen Volksarmee gezielt gegen Südvietnam und die Amerikaner zum Einsatz gekommen sein soll, nie eindeutig nachgewiesen werden, obwohl dieser chemische Einsatz von Sterling Seagrave (1983) dokumentiert wurde.

!966 wurde das Russell Tribunal – The War Crimes Tribunal oder das Vietnam Kriegsverbrecher Tribunal – ins Leben gerufen. Es war eine Untersuchung und Dokumentation amerikanischer Kriegsverbrechen. Die US-Regierung wurde des Genozids am vietnamesischen Volk schuldig gesprochen. In einigen Punkten wurden eindeutig Verstöße gegen das Kriegsrecht und auch gegen die Menschlichkeit dargelegt, wie z. B. der Gebrauch verbotener Waffen, unmenschliche Behandlung von Kriegsgefangenen, Bombardierung von ausschließlich zivil genutzten Einrichtungen, Einsatz von Splitterbomben gegen die zivile Bevölkerung, usw. Das Tribunal hatte zwar keine Macht, die USA zu bestrafen, doch nichtsdestotrotz stellte es die USA als demokratische Macht bloß. Die USA gehen auf jeden Fall mit Schmach und Schande aus diesem Tribunal hervor und es wird einmal mehr gezeigt, wie der Krieg enthemmend auf den Soldaten wirken kann und bestialisches Verhalten aller Art im Krieg gang und gebe ist. Der Vietnam Krieg zeigt, wie sich die von Clausewitz vertretenen Thesen bewahrheiteten, nämlich die, dass im Krieg der Anwendung von Gewalt keine Grenzen gesetzt sind und dass sich die Kriegsgegner rücksichtslos der Gewalt bedienen, um den Feind wehrlos zu machen.

Literatur

Alpha History (Hrsg.) (2019). *Das Massaker von My Lai*. Online: https://alphahistory.com/vietnamwar/my-lai-massacre/ (abgerufen am 13.10.2022)

Blumenthal, Ralph (1999). The World revising World War II Atrocities. Comparing the Unspeakable to the Unthinkable. In: *New York Times* – 7.03.1999.

Bundeszentrale für politische Bildung (2018). Das Massaker vom Kalavrita – 13.12. 2018.

Clausewitz, Carl von (2019). *Vom Kriege*, 3 Bände. Hamburg.

Chrysopoulos, Philip (2021). *Kalavryta: the bloodiest Massacre in Greece*. Online: https://greek-reporter.com/2021/12/13/kalavryta-the-bloodiest-massacre-in-greece/ (abgerufen am 17.10.2022)

Fischer, Erik (2009). *Die USA im Vietnamkrieg: Kriegsverbrechen amerikanischer Soldaten*. Norderstedt.

Freund, Alexander (2021). Agent Orange – der lange Schatten des Vietnamkrieges. In: *Deutsche Welle* vom 7.05.2021.

Greiner, Bernd (2018). Das Massaker von My Lai. Endlich tun, wofür wir da sind. In: *Der Spiegel* vom 13.03.2008.

Hoppe, Bert (2021). Babyn Jar: Massenmord am Stadtrand. In: *Bundeszentrale für politische Bildung* vom 10.08.2021,

Jones, James (1962). *The thin red Line*. New York. Deutsch (1999) *Insel der Verdammten*. Frankfurt am Main.

Malick, Terrence (1999). *Der Schmale Grat*. Original: *The thin red Line*, In: *British Board of Film Classification* – 29.01.1999.

Medick, Hans (2018). *Der Dreißigjährige Krieg – Zeugnisse vom Beben mit Gewalt*. Göttingen.

Münkler, Herfried (2008). Clausewitz und die neuen Kriege. In: *Armis et Litteris* 18, 8, 155 ff.

Pentle, Christian (2017). *Der Dreißigjährige Krieg – Als Deutschland in Flammen stand*. Berlin.

Rademacher, Cay (2016). Der Vietnam Krieg. Warum das Massaker von My Lai so grausam war. In: *Geo Epoche* Nr. 80, 8/2016.

Rheinpfalz Redaktion (2018). Besetzung, Folter, Kannibalismus. In: *Die Rheinpfalz* vom 8. 11. 2018.

Roeck, Bernd (2018). Gottes Strafe, Gottes Gnade. In: *Spektrum.de* – 13.11.2018.

Russell Tribunal (1968). Hrsg. Bertrand Russell und Jean Paul Sartre. *Das Vietnam-Tribunal oder Amerika vor Gericht.* Reinbek.

Schmid, Josef (Hrsg.) (2008). *Quellen zur Geschichte des Dreißigjährigen Krieges.* Darmstadt.

Seagrave, Sterling (1983). *Gelber Regen, Yellow rain. Der Terror chemischer Waffenführung.* München.

Seewald, Berthold (2021). Was Japans Massaker und den Holocaust verbindet. In: *Welt* (Geschichte) – 26.02.2021.

Singsank, Lauralei (2020). *Massacre or Genocide? Redefining the Sook Ching.* Online: https://scholarsbank.uoregon.edu/xmlui/handle/1794/255581 (abgerufen am 18.10.2022)

Stock, Richard – Centre Européen (2014). *Welche Lehren sind aus dem Zweiten Weltkrieg zu ziehen und welche Bedeutung hat er für die heutige Zeit?* Online: https://www.dfjw.org/media/welche-lehren-sind-aus-dem-zweiten-weltkrieg-zu-ziehen.pdf (abgerufen am 16.10.2022).

Time Magazine (1967). *Das Massacre of Dak Son* – 16.12.2022.

Wiki Brief (1966). *Binh Hoa Massaker.* Online: https://de.wikibrief.org/wiki/bin_hoa_massacre (abgerufen am 13.10.2022).

Wikipedia (2023). *Carl von Clausewitz.* Online: https://de.wikipedia.org/wiki/carl_von_clausewitz (abgerufen am 7.04.2023)

Wilson, Peter im Interview mit Marc von Lüpke (2018). *Es spielten sich grauenhafte Szenen ab.* Online: https://www.t-online.de/nachrichten/wissen/geschichte/id_83756/30-jaehriger-krieg-es-spielten-sich-grauenhafte-szenen-ab (abgerufen am 11.10. 2022).

2 Verheißungsvolle Revolutionen, doch Gewalt und Terror bleiben nicht aus

Eine Erörterung des Begriffes Revolution

In der Moderne gab es fünf große Revolutionen., die englische von 1649, die amerikanische von 1776, die französische von 1789, die russische von 1919 und die chinesische von 1949. Warum wurden sie als Revolutionen bezeichnet? Was war ihr Wesen? Oxford Languages definiert Revolution als ein auf „radikale Veränderung der bestehenden politischen und gesellschaftlichen Verhältnisse ausgerichteter gewaltsamer Umsturz(versuch)". Das Politiklexikon erweitert den Begriff Revolution, indem es zusätzlich statiert, dass es das Ziel der politischen Revolution ist, „die Beseitigung der bisherigen politischen Führer und die Schaffung grundsächlich neuer Institutionen, verbunden mit einem Führungs- und Machtwechsel" (Das Politiklexikon 2020). Revolutionen sind den obigen Definitionen entsprechend, darauf bedacht, etwas radikal Neues an die Stelle des Alten zu setzen oder einen Neuanfang herbeizuführen. Was führt jedoch zu Revolutionen? Nach Jack Goldstein (2013) sind es einige Elemente, die ein soziales Ungleichgewicht hervorrufen können, wie z. B. wirtschaftliche und steuerliche Belastung, weitverbreiteter Volkszorn über Ungerechtigkeit und eine überzeugende Widerstandsnarrative (persuasive narrative of resistance) und diese Bedingungen sollen in der Regel mit einer der Bewegung zugrundeliegenden Vision der sozialen Gerechtigkeit die Massen mobilisieren und zu Umstürzen führen.

Diese gewaltsamen Umstürze sollen an zwei der größten und zugleich beispielhaften Revolutionen in der Geschichte Europas, der Französischen von 1789 und der Russischen Revolution von 1917, eines bürgerlichen und eines proletarischen Umsturzes, veranschaulicht werden. Diese so verheißungsvollen Revolutionen sollen Muster oder Paradebeispiele eines sozialen Umsturzes und der Schaffung neuer Machtstrukturen sein. Vielversprechende Ziele, wie Freiheit, Gleichheit und Brüderlichkeit oder die Schaffung des neuen sozialistischen Menschen hatten die Revolutionäre vor Augen, gerieten jedoch bei ihrer Umsetzung in große Widersprüche zwischen ihren Vorstellungen und der Wirklichkeit. Diese Diskrepanz zwischen Anspruch und Wirklichkeit lösten im Verlauf der Revolution interne kriegerische Auseinandersetzungen aus und führten bedauerlicherweise zu grauenhaften oder entsetzlichen Schreckensherrschaften, wie weiter unten beschrieben werden soll.

Friedliche Revolution in der ehemaligen DDR

Eine andere, nämlich gewaltlose Entwicklung zeichnet sich bei friedlichen Revolutionen ab, die als Ausnahmen in der Geschichte der Revolutionen erscheinen. Hier klaffen Mittel und Ziele nicht auseinander. Ein Beispiel dafür ist die ehemalige DDR, in der 1 Million Bürger am 4. November 1989 den Rücktritt der SED-Regierung forderten und mit dem Motto „wir sind das Volk" für Freiheit – freie Wahlen, Presse- und Meinungsfreiheit – revoltierten. „Die ‚Macht der Straße' setzte sich durch – ohne Gewalt" (Brantlecht 2018). Historisch gesehen war die friedliche Revolution in der DDR „einzigartig: ein repressives System wurde durch die Mobilisierung großer Teile der Bevölkerung in gewaltfreien Protesten für bürgerliche Freiheiten, demokratische Rechte und für die Durchsetzung zivilgesellschaftlicher Normen gestürzt. Als Symbol für den Erfolg der friedlichen Revolution gilt Vielen der Fall der Berliner Mauer am 9. November 1989" (Brandenburgische Landeszentrale für politische Bildung 2020, 16, 36). Weiter unten sollen in der Transformation von einer Kriegs- zu einer Friedenslogik weitere friedliche revolutionäre Aktionen erörtert werden.

Die bürgerliche Französische Revolution: Hoffnung auf ein anderes Leben

Aus Frankreich, in welchem der prunksüchtige König Louis XVI, der sich selbst als Herrscher von Gottes Gnaden sieht, über sein Volk herrscht, soll auf Wunsch der französischen Bürger eine Demokratie werden und sie wollen dem amerikanischen Beispiel des Unabhängigkeitskrieges folgen. Die Geschichte der französischen Revolution lässt sich in drei Abschnitte unterteilen: in die erste Phase von 1789–1791 als Anfänge der Revolution, in die zweite Phase von 1792–1794 als Schreckensherrschaft der Revolution und in die dritte Phase von 1795–1799 als das Ende der Revolution von (zur Geschichte der Revolution siehe u. a. Michelet 2009, Kuhn 2012, Thauer 2019 und Tessloff 2022). Frankreich war zur Zeit der Revolution eine Ständegesellschaft. Im ersten Stand befanden sich die Geistlichen, im zweiten Stand der Adel und im dritten, dem bürgerlichen Stand die Kaufleute, Handwerker und Bauern. Während die ersten beiden Stände keine Steuern zahlen mussten, war der dritte Stand, der etwa 98% der Bevölkerung ausmachte, steuerpflichtig und hatte keinen politischen Einfluss. Diese Form der Politik konnte vom dritten Stand nicht länger hingenommen werden. Er orientierte sich an der amerikanischen Revolution: „No taxation without any representation". Die Französische Revolution begann mit dem Sturm auf die Bastille am 14. Juli 1789 gegen die absolute Herrschaft des Königs Louis XVI, der nichts von seiner Macht abgeben wollte und eine demokratische Gesellschaft für ihn außer Frage stand. Die Bastille war eigentlich ein Gefängnis, aber dort wurden jedoch auch Waffen und Munition gelagert. Diese Waffen peilten die Bürger an, um sich gegen die königlichen Machenschaften zur Wehr zu setzen, denn Louis XVI berief Truppen vom Lande nach Paris, um notfalls mit aller ihm zur Verfügung stehenden Macht die Aufständischen zu besiegen. Den Bürgern wurde klar, dass es dem König nicht um das Wohl des Volkes ging, sondern nur um sein eigenes. Die Revolution sollte die Macht des Königs beenden und die bestehenden Bedingungen radikal verändern. Nunmehr sollten an Stelle der Unfreiheit, Ungleichheit und Unterwürfigkeit, Freiheit, Gleichheit und Brüderlichkeit in der Gesellschaft bestimmend sein, was mit der Amerikanischen Declaration of Independence „life, liberty and the pursuit of happiness" Ähnlichkeiten hat. Der Aufstand des aufgebrachten und wütenden Volkes kommt in Fahrt. Zwar schießen die Wachen auf die Revolutionäre, die den Königspalast erstürmen wollen, doch diese sind trotz großer Verluste nicht aufzuhalten. Sie ermorden ihre Gegner und enthaupten sie. Auch Louis XVI wird gefangen genommen, abgesetzt und einige Zeit später hingerichtet. In der in Frankreich entfesselten Gewalt stürmen Bauern Schlösser und Klöster und drängen auf ein Ende der Gutsherrschaft und der Abgaben. Allerdings darf nicht übersehen werden, dass nicht alle Bürger arm waren, sondern es gab auch einige vermögende Kaufleute. Die Revolution war gewaltsam, aber erfolgreich. Es musste allerdings grauenhaft gewesen sein, wenn Gegner enthauptet und ihre Köpfe zur Schau gestellt wurden. Manch einer fragt sich, ob eine Revolution solch schreckliche Episoden haben muss, um einen absolutistischen Staat in einen demokratischen umzuwandeln und freiheitliche Staatsformen zu entwickeln. Aber die durch einen gewaltsamen Umsturz entstandene neue Republik hatte auch ihre Feinde und es stellte sich die Frage, wie damit umgegangen werden sollte. Sollten die Gegner aufgeklärt und sie von den neuen umwälzenden Ideen überzeugt werden, was ja den Idealen der Aufklärung entsprochen hätte oder sollten sie eher eliminiert werden? Leider ist die zweite Phase der Revolution durch die letztere Option geprägt.

Die Schreckensherrschaft als Teil der französischen Revolution

Bei den siegreichen und jubelnden Revolutionären kam Im Laufe des Umsturzes die Angst vor einer Konterrevolution auf und diese musste unbedingt verhindert werden, koste es, was es wolle. Auch der Terror war ihnen als zulässiges und wirksames Mittel zur Verteidigung der Republik recht. Ihr Motto war: Der Zweck heiligt die Mittel. Unter der Führung von Robespierre initiierten und organisierten die in der Nationalversammlung stark repräsentierten und daher auch die Politik nachhaltig mitbestimmenden Jakobiner die Schreckensherrschaft. Was folgte, war der Beginn unvorstellbarer Grausamkeiten. Die Feinde der Revolution waren, den Jakobinern zufolge, ringsum und konnten als Gegner gefährlich werden. Es kam zu Bespitzelungen sowie Denunziationen und der Terror konnte sich gegen jedermann richten. Viele sogenannte

Feinde der Revolution wurden auf grausame Weise hingerichtet. Unter den Opfern waren zahlreiche katholische Priester und Ordensleute, die den Eid auf die bürgerliche Verfassung von 1791 verweigerten (siehe Bluche 1986). Sie wurden massakriert, weil sie eher sterben wollten als ihr heiliges Gesetz zu verletzen. Bei den September-Massakern betrug die Zahl der Opfer weit über 1000 Menschen. 90% der Morde fanden in Paris statt (Madöriu 1976).

Maximilien Robespierre, der Anführer der Jakobiner, begründete den Terror gegen die Gegner der Revolution mit einer Entweder-Oder Logik: „Wir müssen die inneren und äußeren Feinde der Republik ersticken oder mit ihr untergehen. Deshalb soll in dieser Lage die erste Regel der politischen Tugend sein, das Volk durch Vernunft zu leiten und die Feinde des Volkes durch Terror zu beherrschen…Terror ist nichts anderes als rasche, strenge und unbeugsame Gerechtigkeit. Es ist eine Offenbarung der Tugend. Der Terror … ergibt sich aus den Grundsätzen, welche dem Vaterland als dringendste Sorge am Herzen liegen muss“ (Robespierre 1794). Platon, Aristoteles, die Stoiker und viele andere Philosophen der Tugend würden sich im Grabe umdrehen, wenn sie zu hören bekämen, dass Terror eine Tugend sei oder dass gar von Tugendterror gesprochen werden kann. Der von Robespierre vertretene Terror widerspricht dem Weisheitsprinzip, der Aufrichtigkeit, der Bescheidenheit und insbesondere der Mäßigung. Die Auffassung Robespierres, dass die Tugend ohne Terror ohnmächtig sei, würden die Tugendlehrer als Idiotie bezeichnen, denn Tugend ist eine vorbildliche moralische Haltung, die des Terrors nicht bedarf. Man kann ohne weiteres Willms zustimmen, dass der Dogmatiker Robespierre in einem „hermetischen Wahnsystem“ gefangen war und als Dämon der französischen Revolution bezeichnet werden könnte (siehe Willms 2014). Tausende und abertausende Menschen fielen dem Terror zum Opfer, bis schließlich Robespierre selbst hingerichtet wurde. Eine verheißungsvolle Revolution entartete in eine Schreckensherrschaft, bis es durch die Ermordung des Schreckensherrschers zum Ende des Terrors kam. Es stellt sich bei der Diskussion der Französischen Revolution, wie bei anderen Revolutionen, die Frage, ob es nicht doch andere Möglichkeiten hätte geben können, wie Sieger mit Besiegten umgehen sollten, ohne Gewalt und Grausamkeiten auszuüben. Zweifelsohne sind bei jeder Revolution starke Emotionen im Spiel. Dabei sind Hass und Wut nur schwer zu kontrollieren, doch in einer Zeit der

Aufklärung sollte der Verstand geschärft werden, denn bei klarem Verstand kann der Terror kein Mittel zu verheißungsvollen Zielen sein. Wo der Terror anfängt, scheint der Verstand aufzuhören. Darüber hinaus widerspricht jedwede Feindschaft gegenüber dem Mitmenschen der in der Französischen Revolution deklarierten und in der Aufklärung hoch gepriesenen Brüderlichkeit. Die Vereinten Nationen deklarierten bereits im Jahre 1948 die Bedeutung der Brüderlichkeit: „Alle Menschen sind frei und gleich an Würde und Rechten geboren. Sie sind mit Vernunft und Gewissen begabt und sollen einander im Geiste der Brüderlichkeit begegnen“ (Vereinte Nationen – Generalversammlung 1948, Artikel I). Auch Schiller bringt in seinem Gedicht „An die Freude“ diese Brüderlichkeit zum Ausdruck:

„Freude schöner Götterfunken,
Tochter aus Elisium,
Wir betreten feuertrunken,
Himmlische, dein Heiligthum,
Deine Zauber binden wieder,
Was die Mode streng getheilt,
Alle Menschen werden Brüder,
Wo dein sanfter Flügel weilt“ (Schiller 1808).

Mit Brüderlichkeit sind Menschen beiderlei Geschlechts gemeint. Dieser Begriff hat Ähnlichkeiten mit der von Jesus geforderten Nächstenliebe in Matthäus 5–7. Er soll eine lebendige Zwischenmenschlichkeit hervorbringen – das Gegenteil von Terror, der jedwede Gegenseitigkeit zerstört. Eine Revolution, die eine wunderschöne Zukunft für alle Menschen aufbauen will, darf nicht unlautere und unmenschliche Mittel einsetzen, um humane Ziele zu erreichen. Das wäre ein krasser Widerspruch zum Prinzip der Zwischenmenschlichkeit, der Brüderlichkeit und der Nächstenliebe.

Die Russische Revolution: Der Traum von einer neuen Welt des ausgebeuteten und unterdrückten Proletariats

Russland war in der Spätphase des Zarenreiches zu Beginn des 20.Jahrhunderts durch starke Klassengegensätze geprägt. Es gab die reichen Großgrundbesitzer und die armen Bauern sowie die Kapitalisten und die Arbeiter. Die Großgrundbesitzer verpachteten einerseits nicht selten zu einem hohen Pachtzins ihr Land an die Bauern. Andererseits befanden sich viele Arbeiter in der beginnenden Industrialisierung in bitterer Armut. Neben den wirtschaftlichen Gegensätzen gewährte das Zarenreich keine Meinungs-, und Pressefreiheit. Am sogenannten „Blutsonntag“ kam es zu massiven Protesten gegen das Regime und zur Erstürmung das Winterpalastes des Zaren. Dabei schossen die Wachmänner auf die Protestierende und weit über 100 Demonstranten verloren dabei ihr Leben. Die Proteste breiteten sich im ganzen Land aus. Die alten Verhältnisse brachten immer wieder neue Unzufriedenheit hervor (siehe Landeszentrale für politische Bildung Baden-Würtemberg 2017).

Am 25./26. Oktober 1917 ergriffen die Bolschewiken nach einer blutigen Schlacht unter dem kommunistischen Revolutionär und Marxisten Lenin die Macht in Russland. Sie mussten sich nach dem bolschewistischen Sieg jedoch mit konterrevolutionären Kräften auseinandersetzen, die in den Augen der Kommunisten Feinde der Revolution waren. Es war die bolschewistische Strategie, diejenigen zu eliminieren, die gegen die Revolution waren. Für Lenin konnte eine proletarische Revolution nur mit gewaltsamen Mitteln gegen Großgrundbesitzer und Kapitalisten, die er in einem Brief an Gorki als „Fäulnis der Menschheit“ Lenin (1924) bezeichnete, erfolgreich sein. Kompromisse mit Feinden, was einem Zugeständnis der Konterrevolution gegenüber gleichkäme, konnte man ihm zufolge nicht eingehen, denn dieser Schritt würde die Etablierung der Macht über die Feinde allmählich desavouieren. Die Bolschewiken sind, Lenin zufolge, nicht nur die einzige revolutionäre Partei in Russland, sondern die Avantgarde des Proletariats (siehe Lenin 1902). Sie vertreten, indem sie sich für das jahrhundertelang unterdrückte Volk der Arbeiter und Bauern einsetzt, deren wahre sowie vitale Interessen und Bedürfnisse. Nach Lenin müssen die Bolschewiken, wie die Jakobiner dies in der Französischen Revolution zum Ausdruck brachten, etwas „Großes, Unvergängliches und Unvergessliches vollbringen“ (Kleißmann 2010). Sich die Jakobiner als leuchtendes Vorbild zu wählen und ihnen nachzueifern, impliziert, dass sie auch deren Terrorherrschaft als mustergültig bezeichnen und ihr nacheifern. Und so breitet sich auch der Terror in und nach der Revolution in Russland aus, das 1922 mit dem Namen Sowjetunion in die Geschichte einging.

Der rote Terror

Nach der Oktoberrevolution beginnt in Russland der rote Terror, ein überaus blutiger Terror, der von staatlicher Seite aus geführt wird, um konterrevolutionäre und andere regierungskritische Kräfte zu eliminieren. Das ganze Land stand unter diesem Schrecken erregenden und panische Angst auslösenden Terror. In seinem Buch *Der rote Terror* zeigt Jörg Baberowski (2011) die Schrecken der Kollektivierung, die Deportationen und Gewaltexzesse und der durch die Geheimpolizei ausgeübte Massenterror, der auf unbändigem Hass und Zorn gegen Andersdenkende und Abtrünnige beruhte. „Die bolschewistischen Führer waren Gewalttäter. Für sie war die Gewalt das Lebenselixier der Geschichte. Es war die Bestimmung des Proletariats, getötet zu werden und zu töten. Darin lag die grausame Logik des Klassenkampfes, der sich die neuen Machthaber bedingungslos unterwarfen“ (Baberowski 2011, S. 98). Für die Bolschewiken gab es nur noch Feinde oder Freunde und nichts mehr dazwischen und gegenüber den Feinden kam es zur systematischen Enthemmung des Todestriebs. Das vergangene Leben mit all den moralischen Werten, denen man sich verpflichtet fühlte, war passé. Du sollst deine Feinde lieben, die Worte Jesu in der Bergpredigt, werden zum Gespött. Der Atheismus soll von nun an das Christentum ersetzen, denn dieses wird nun zum Opium des Volkes degradiert. Zweifelsohne ist das auf Marx und Engels zurückzuführende Ziel Lenins (siehe Marx und Engels 1970), für die Bauern und Arbeiter und gegen die Großgrundbesitzer und Kapitalisten zu kämpfen, positiv zu bewerten, doch dieses Ziel mit Terror zu erreichen oder das ganze Land von Terror beherrschen zu lassen, kann nie einen Beitrag zu einer klassenlosen und freien Gesellschaft leisten, in der jeder nach seinen Bedürfnissen und Fähigkeiten leben kann.

Revolutionen ohne Versöhnungspolitik

Bei der Untersuchung der zwei Revolutionen, sowohl der französischen als auch der russischen, wurde deutlich, dass nach Erreichen der revolutionären Ziele, der bürgerliche Stand in Frankreich und die Bolschewiken in Russland immer wieder als Siegermächte mit aller Härte und Grausamkeit gegen die Verlierer vorgingen. Der bittere und tödliche Hass zeigte sich unversöhnlich. Es fehlte jeweils der Prozess der Wiederannäherung. Es konnten keine Versöhnungsprozesse angestoßen werden. Stattdessen breitete sich bürgerlicher und roter Terror aus. Es wurde von den Siegermächten grimmige und grausame Rache gefordert und genommen, statt Versöhnungsinitiativen einzuleiten. Als Vorbild der Versöhnungspolitik könnte z. B. Nelson Mandela betrachtet werden, der seine Friedenspolitik wie folgt sah: „I saw my mission as one of preaching reconciliation, of binding the wounds of the country, of engendering trust and confidence" (Mandela, 1995, S. 744 f.). Den blinden Hass, den die Menschen sich in einer rassistischen Gesellschaft zuzogen, ist, Mandela zufolge, nicht naturgegeben, sondern erlernt und kann allmählich wieder verlernt werden. Die Kriegslogik muss durch eine Friedenslogik, Hass durch Versöhnung ersetzt werden.

Literatur

Baberowski, Jörg (2011). *Der rote Terror: Die Geschichte des Stalinismus.* Frankfurt am Main.

Bloche, Fredéric (1986). *Logiques d'un massacre.* Paris.

Brandenburgische Landeszentrale für politische Bildung (2020). *Friedliche Revolution.* In: Maurice vom 2.01.2020, 16, 36.

Brantlecht, Nikolaus (2018). Friedliche Revolution. Der 9. November 1989. In: *Bundeszentrale für politische Bildung* vom 1.11. 2018

Das Politiklexikon (2020). *Revolution*. Herausgegeben von Klaus Schubert und Martina Klein. Bonn.

Goldstein,Jack A. (2013) What causes Revolutions? In: *Oxford Academic* – Dezember 2013, S. 10 ff.

Kleißmann, Uwe (2010). Jakobiner des 20.Jahrhunderts. In: *Spiegel* vom 26.Januar 2010.

Kuhn, Axel (2012). *Die Französische Revolution* (Kompaktwissen Geschichte). Stuttgart.

Landeszentrale für politische Bildung Baden-Würtemberg (2017). *Zarenreich und Februarrevolution 1904–1916*. Online: https://www.lpb-bw.de/februarrevolution-1917 (abgerufen am 28.11.2022)

Lenin, Wladimir I. (1924). *Briefe an Gorki*. Wien.

Lenin, Wladimir I. (1902) *Was tun?* Stuttgart.

Madeorin, Max (1976). *Die Septembermassaker von 1792 im Urteil der französischen Revolutionshistoriographie*. Bonn.

Mandela, Nelson (1995). *Long Walk to Freedom*. London.

Marx, Karl und Engels, Friedrich (1970). *Das kommunistische Manifest*. Düsseldorf.

Michelet, Jules (2009). *Die Französische Revolution*. Frankfurt/Main.

Robespierre, Maximilien (1794). *Rede über die Prinzipien der politischen Moral* vom 5.02.1794. Online: https://segu-geschichte.de/jakobiner/ (abgerufen am 30.11.2022)

Schiller, Friedrich (1808). *An die Freude*. Leipzig.

Tessloff (2022). *Wie kam es zur Französischen Revolution?* Online: https://www.tessloff.com/was-ist-was/geschichte/europa/wie-kam-es-zur-franzoesischen-revolution.html (abgerufen am 29.11.2023)

Thauer, Hans-Ulrich (2019). *Die Französische Revolution*. München.

Vereinte Nationen – Generalversammlung (1948). *Dritte Tagung: Allgemeine Erklärung der Menschenrechte. 217A (III)*. New York.

Willms, Johannes (2014). *Tugend und Terror. Geschichte der Französischen Revolution*. München.

3 Der Mensch – der Ursprung des Bösen in der Welt?

Der Mythos des Sündenfalls: Der Mensch das sündige Wesen

Um das Monster Mensch im Kriege zu erklären, wird in einer christlichen Kultur auf das 1. Buch Mose, Kapitel 2 und 3 zurückgegriffen, denn dort wird der Sündenfall der ersten Menschen Adam und Eva beschrieben. Während sie vor dem Sündenfall in vertrauensvoller und inniger Gemeinschaft mit Gott lebten, verstießen sie im Laufe der Zeit gegen Gottes Gebot, nicht vom Baum der Erkenntnis des Guten und Bösen zu essen und wurden vom Paradies vertrieben. Das Beschriebene ist eine jüdische Erzählung über Menschen, Götter und über die Entstehung des Bösen in der Welt. Diese Erzählungen verleihen der jüdischen Geschichte Bedeutung, indem sie dazu beitragen wollen, das Schreckliche und Furchtbare der Welt besser zu verstehen. Doch ein kritisch denkender Mensch kann nicht umhin, diese Erzählungen als Mythen zu bezeichnen. Nach Stephen Greenblatt (2018) ist „der Sündenfall der mächtigste Mythos der Menschheit". Er soll jedoch dazu beitragen, den Ursprung des Bösen in der Welt zu erklären und zu zeigen, dass der Verantwortliche des Übels dafür, der Mensch selbst ist.

Die christliche Sichtweise: Die Sünde als Grundlage des Bösen

In der Bibel ist der Begriff Sünde zu einem Schlüsselbegriff geworden und er hat sich zu einem festen Bestandteil des jüdischen und christlichen Denkens entwickelt. Aus diesem Grunde sollen hier einige Passagen über den sündigen

Menschen zitiert werden, die auch als Überleitung für die Ursachen, Krieg zu führen, dienen sollen.

> 1. Mose 6,5: „Als aber der Herr sah, dass der Menschen Bosheit groß war auf Erden und alles Dichten und Trachten ihres Herzens nur böse war, da reute es ihn, dass er die Menschen gemacht hatte".
>
> Psalm 51, 3–4: „Gott sei mir gnädig nach deiner Güte und tilge meine Sünden nach deiner großen Barmherzigkeit. Wasche mich rein von meiner Missetat und reinige mich von meiner Sünde".
>
> Römer 3, 23: „Sie [die Menschen] sind allesamt Sünder und mangeln des Ruhmes, den sie vor Gott haben sollten".
>
> Römer 5, 12: „Deshalb wie durch einen Menschen die Sünde in die Welt gekommen ist und der Tod durch die Sünde, so ist der Tod zu allen Menschen durchgedrungen, weil sie alle gesündigt haben".
>
> Römer 7, 15 f.: „Ich tue nicht das, was ich will, sondern, was ich hasse, das tue ich … In meinem Fleisch wohnt nichts Gutes".
>
> Johannes 3, 4 ff.: Wer Sünde tut, der tut auch Unrecht … Wer Sünde tut, der ist vom Teufel … wie Kain, der von dem Bösen stammte und seinen Bruder umbrachte.

Die Sünde bezieht sich nicht nur auf die Missetat und Schuld des einzelnen bösen Menschen, „sondern wird in der Bibel als eine Macht gesehen, die dem Geschehen in der Welt den Stempel aufdrückt und eine eigene Dynamik mit Sogwirkung entwickelt" (Heine 2014), denn hier wird eine universal gültige These postuliert, nach welcher alle Menschen die Sünde, quasi als ein DNA, in sich tragen. Diese These soll dann auch die vielen Kriege in der Welt erklären. In dieser Sichtweise sind es nicht in erster Linie Religionen, Ideologien, soziale, wirtschaftliche oder politische Verhältnisse, die für die Gewalt verantwortlich sind. Nein: „Der Hauptgrund für jeden Krieg ist jedoch die Sünde"

(Got questions 2016). Nach der Grace Community Church (2022) hat der Sündenfall „jeden Teil des Universums berührt. Es ist vollkommen richtig zu sagen, dass absolut alles, was in unserer Welt nicht in Ordnung ist, auf Sünde zurückzuführen ist … Aber aufgrund der Sünde ist alles sehr schlecht, von Weltkriegen, Terrorismus, Massenmorden, … zerbrochenen Beziehungen … kurz gesagt, alles Übel, alle Traurigkeit, alles Versagen, aller Tod ist auf die Sünde zurückzuführen". In diesem Diskurs geht es nicht darum, nach sozialen, politischen oder ökonomischen Ursachen in der Welt zu suchen, die für den Krieg verantwortlich sein könnten, genauso wenig wie Prinzipien der sozialen Ungerechtigkeit, der Ungleichheit oder der Unterdrückung verfolgt werden, denn alles Böse in der Welt wird schließlich dem sündigen Menschen zugeschrieben, in dessen Körper nichts Gutes wohnt.

Selbst in einer christlichen Kultur wird jedoch der alt- und neutestamentliche Begriff der „Sünde", mit Ausnahme der Kirchen, die immer noch eine Deutungshoheit haben und ihren fundamentalistischen Gläubigen nicht sehr häufig in der Alltagssprache gebraucht. Ausnahmen, sich des Sünde-Begriffes zu bedienen, sind z. B. solch trivialisierte Wörter, wie Diätsünde, Modesünde oder Parksünde. Zumeist wird die Vorstellung der Sünde, ohne auf den Sündenfall Bezug zu nehmen, durch Begriffe wie Verstoß, Verfehlung, Unrecht, Übeltat, Missetat, Aggression, Selbstsucht und viele andere Wörter ersetzt.

Sünde und Krieg

Im Alten Testament werden mehr als 100 Kriege erwähnt, weil, wie oben gezeigt wurde, alles Dichten und Trachten des menschlichen Herzens nur böse ist und da der Bibel entsprechend alle Menschen von dem sündigen Adam abstammen, ist die Sünde kein lokales, sondern ein universales Problem. Gott soll es sogar bereut haben, dass er die Menschen so und nicht anders geschaffen hat (1. Mose 6, 5). War der Mensch also eine Fehlplanung? Aber wie kann einem allwissenden Gott so etwas passieren? Hier wird eben von den Heiligen Schriften ein Gott nach dem Bilde des Menschen konstruiert. Der endliche Mensch entwirft einen Plan, der ihm selbst gefällt, muss jedoch nach einiger Zeit feststellen, dass er nicht so ist, wie er hätte sein sollen. Die jüdische Bevölkerung schuf, wie es Feuerbach (1903) einmal formulierte, Gott nach ihrem Bilde. Nicht Gott schuf den Menschen zu seinem Abbild, sondern der Mensch schuf Gott zu seinem Abbild. So wurden menschliche Eigenschaften auf Gott übertragen und dazu gehören auch Fehlplanungen und Bedauern.

Dass die Sünde ein universales Phänomen ist, zeigt sich bei den jüdischen Auseinandersetzungen des israelischen Volkes mit den Nachbarn, seien es die Ägypter, Assyrier, Babylonier, Perser oder Römer. Wenn immer auch Israel mit der Realität des Krieges konfrontiert wurde, spielte der Gott Jahwe eine signifikante Rolle, denn er ist es, der die Soldaten anfeuert und stark macht. Hier erleben wir wieder einen bestimmten Anthropomorphismus, eine Übertragung menschlicher Wünsche auf Gott. So heißt es in Psalm 19, 35 ff.: „Er [Gott] lehrte meine Hände zu kämpfen, meine Arme den ehernen Bogen spannen … Ich verfolge meine Feinde und hole sie ein, ich kehre nicht um, bis sie vernichtet sind. Ich schlage sie nieder, sie können nicht mehr aufstehen, sie fallen und liegen unter meinen Füßen". Hier eröffnet sich doch ein großer Widerspruch zwischen dem Menschen als Sünder, der durch seine Sündhaftigkeit in den Krieg zieht und andere Menschen tötet und einem Gott, der als der Gute, Gütige, Liebevolle und Rechtschaffene konzipiert wird, aber in der Bibel als der oberste Kriegsführer hochstilisiert wird, der die Soldaten lehrt, wie die Gegner effektiv vernichtet werden sollen. Im Namen Gottes fallen manchmal sogar Köpfe, was im westlichen Bewusstsein den islamischen Terroristen gegenüber, die solche Taten begehen, stets als ungeheuerlich und unmenschlich bezeichnet wurde, aber jedoch in der Bibel ohne Bedenken beschrieben wird. Von einer gottergebenen Witwe wird im AT eine ähnliche Gräueltat berichtet. „Mach mich stark, Herr, du Gott Israels am heutigen Tag! Und sie schlug zweimal mit ihrer ganzen Kraft auf seinen Nacken und hieb ihm den Kopf ab" (Judit 13, 8). Schrecklich ist diese Art der Tötung, noch mehr Aufsehen erregt jedoch, dass Gott ihr die Kraft gegeben haben soll, diese Tat zu verrichten. Ist Gott ein Auftragsmörder, der doch selbst Mose die 10 Gebote auf Steintafeln schreiben ließ und eines dieser Gebote lautet: Du sollst nicht töten. Der Krieg der Israeliten soll jedoch nicht „darauf angelegt sein, sich im Sinne einer Unterwerfung anderer Völker und einer Eroberung anderer Länder auszubreiten" (Schwienhorst-Schönberger 2022). Es soll sich bei den von Israel geführten Kriegen um den Einsatz „rechtmäßiger Gewalt" handeln. Doch wie dem auch sei, rufen die Israeliten im Auftrag und mit der Unterstützung Jahwes nicht zum Völkermord an den Nachbarvölkern auf, selbst wenn er rechtens sein sollte? Der Aufruf zu Krieg und Völkermord sei eine „Fälschung der herrschenden ‚Priesterkaste'" (Der Theologe 2022), der Gott und den Propheten in den Mund geschoben worden sein soll. „Diese Politik der Ausrottung der Zivilbevölkerung stammt nicht wirklich von Mose, sondern von den Priestern. Sie wurde Mose nur unterstellt" (ebenda). Möglicherweise haben die Autoren des Alten Testaments, Gott und dem Volke Israel viel unterstellt, was ja auch bei Jesus der Fall sein soll, wenn die Verfasser des Neuen Testaments ihm Vieles unterschoben haben, was oft im totalen Widerspruch zu seiner Bergpredigt stand, wie z. B. die Berichte über die Hölle und der grausamen Torturen, die ihm in den Mund gelegt worden sind. Bei einem Text, wie der in 5. Mose, 3 fragt man sich jedoch schon, ob nicht all dieses Kriegsgetöse nur eine Unterstellung der Priesterkaste war oder ob nicht doch die israelische Geisteshaltungen in der Weise geprägt waren und sie das widerspiegelten, was die Mehrheit der Israeli dachten. Der bedenkliche Text lautet: „Der Herr, dein Gott, wird selber vor dir hergehen. Er selber wird diese Völker vor dir her vertilgen, dass du ihr Land einnehmen kannst".

Ein Blick auf die gegenwärtige Lage im Nahen Osten macht deutlich, dass Israel Jahrtausende später immer noch darauf ausgerichtet ist, andere Länder zu besetzen und gegen sie einen abscheulichen Krieg führt, wie z. B. gegen die palästinensischen Gebiete Ost-Jerusalems, des Westjordanlands, des Gaza-Streifens und der Golan Höhen. Nach dem Bericht von Amnesty International begeht Israel Verbrechen gegen die Menschlichkeit. „Das israelische System der Unterdrückung und Beherrschung der Palästinenser/innen erfülle den Tatbestand der Apartheid, der ein völkerrechtliches Verbrechen darstellt" (Amnesty Report 202!).

Die aggressive Natur des Menschen in der Neuzeit

Der christlich geprägte Begriff „sündiger Mensch" wird nunmehr in der neuzeitlichen säkularen Entwicklung in ein aggressives, selbstsüchtiges und habgieriges Lebewesen transformiert. Somit bleibt die Bosheit des menschlichen Herzens weiterhin bestehen; sie erhält nur andere Begrifflichkeiten. Wie im Juden- und Christentum ist die Quelle des Bösen weiterhin der Mensch selbst.

Er wird mit einer Wolfsnatur gleichgesetzt. „Der Mensch ist des Menschen Wolf (homo homini lupus)". Das ist die neuzeitliche anthropologische Deutung des Philosophen Hobbes (2004), quasi eine Säkularisierung des Sünde-Begriffes. Im Naturzustand, ohne jegliche staatliche Regularien, ist der Mensch, wie Paulus es formulierte, vom Fleisch oder im neuzeitlichen Denken, von den Trieben gesteuert, die in ihrer Habgier nur auf den eigenen Vorteil ausgerichtet sind. Da alle Menschen auf das Gleiche ausgerichtet sind, ist ein Konflikt unvermeidbar. Die Folge ist der Krieg jeder gegen jeden oder alle gegen alle (bellum omnium omnes). Der für seine Selbsterhaltung kämpfende Mensch ist in der Vorstaatlichkeit ständig erfüllt von Todesfurcht und daher auch jeweils kriegsbereit. Jeder Staat oder jede kulturelle Entwicklung hat die Aufgabe, die aggressive Wolfsnatur zu zähmen, um Sicherheit für alle zu gewährleisten. Die logische Weiterentwicklung des aggressiven und destruktiven Verhaltens des Menschen trägt jedoch auch dazu bei, dass nicht nur die menschlichen Wölfe sich im Land bekämpfen, sondern die aus aggressiven Individuen zusammengesetzten Nationalstaaten sich ebenfalls untereinander bekriegen und sich gegenseitig vernichten wollen. In dieser Sichtweise gibt es Kriege auf vielen Ebenen. Der jeweilige Staat kontrolliert, steuert und reguliert das Verhalten des einzelnen Menschen, aber welche übergeordnete politische Instanz geht auf die zwischenstaatlichen Auseinandersetzungen ein? Zu den Zeiten Hobbes' gab es, Im Gegensatz zu der heutigen Zeit diese noch nicht.

Der Aggressionstrieb nach Freud

Freud stimmt mit Hobbes' Sichtweise des von Natur aus aggressiven Menschen überein. Auch seiner Konflikttheorie zufolge ist die Wolfsnatur durch staatliche Sicherheitsapparate zu zähmen. Diese sind als eine Form der kulturellen Entwicklung für jeden Menschen zur eigenen Selbsterhaltung notwendig. Zweifelsohne implizieren diese staatlichen Maßnahmen eine Einschränkung der Freiheit. Aber die der persönlichen Sicherheit und des Wohlergehens wegen auferlegte freiheitliche Begrenzung, ist, Freud zufolge, ein Teil des kulturellen Fortschritts. Dieser wiederum ist gegensätzlicher Art – zum einen bringt er die ersehnte Sicherheit und zum anderen wird seine Freiheit beschränkt.

In seinem Werk *Jenseits des Lustprinzips* entwickelt Freud eine Zweitriebe-Theorie, zum einen den auf Freiheit und Lust ausgerichteten Lebenstrieb oder auch Eros genannt und zum anderen den Aggressions-, Destruktions- oder Todestrieb (siehe Freud 2000). Diese Triebarten sollen nach Freud in jedem lebenden Organismus am Werk sein. Das Ziel des Lebenstriebes ist es, das Leben zu erhalten und zu fördern, das Ziel des Todestriebes ist es, das Leben zu vernichten. Die Aggression ist ein Abkömmling des Todestriebes. Nach den Erfahrungen des 1. Weltkrieges ließ Freud seine Hoffnungen auf Frieden und Stabilität sinken, da „die Aggressionsneigung eine ursprüngliche, selbständige Triebanlage des Menschen ist und…daß die Kultur ihr stärkstes Hindernis in ihr findet“ (Freud 1968, Kapitel VI). Während der Lebenstrieb die vereinzelten Menschen zu einer großen Einheit, das was man Menschheit nennt, zusammenfassen will, widersetzt sich der Aggressionstrieb mit seiner Feindseligkeit und seinem zerstörerischem Potenzial dem Programm der Kultur und so sieht Freud einer unsicheren, ungewissen und beunruhigenden Zukunft entgegen:

> „Die Schicksalsfrage der Menschheit scheint mir zu sein, ob und in welchem Maße es ihrer Kulturentwicklung gelingen wird, der Störung des Zusammenlebens durch den menschlichen Aggressions- und Selbstvernichtungstrieb Herr zu werden…Die Menschen haben es in der Beherrschung der Naturkräfte soweit gebracht, dass sie es mit deren Hilfe leicht haben, einander bis auf den letzten Mann auszurotten. Sie wissen das, daher ein gutes Stück ihrer gegenwärtigen Unruhe, ihres Unglücks und ihrer Angststimmung. Und nun ist zu erwarten, daß die andere der beiden ‚himmlischen Kräfte‘, der ewige Eros, eine Anstrengung machen wird, um sich im Kampf mit seinem ebenso unsterblichen Gegner zu behaupten. Aber wer kann den Erfolg und Ausgang voraussehen?“ (ebenda, Kapitel VIII).

Nach dem 1.Weltkrieg wandte sich Albert Einstein an Sigmund Freud, denn er wollte aus tiefenpsychologischer Sichtweise heraus erklärt bekommen, warum es diesen fürchterlichen Krieg gegeben hat und wie solch ein Krieg in Zukunft vermieden werden könnte. Er schreibt: „As for me, the normal objective of my thought affords no insight into the dark places of the human will and feeling“

(Einstein 1985). Er war in der Lage mithilfe seiner wissenschaftlichen Errungenschaften die Welt zu verändern, seien es die Relativitätstheorie, die Quantentheorie des Lichts oder seine Kosmologie, nach welcher das Universum nicht länger als statisch, sondern als expandierend erschlossen wurde, doch er, der Militarismus und Gewalt verpönte, konnte nicht verstehen, warum es immer wieder Kriege gegeben hat. „Why war?“ (ebenda), war die Frage, die er an Freud richtete. Freud verdammte zunächst einmal die Scheinheiligkeit der Kriegsparteien, die sich als Kultur- und Moralapostel ausgaben und solch blutige und schreckliche Kriege führten. Er argumentierte, dass ein Krieg nicht vermieden werden könne, wenn die auseinanderstrebenden Interessen der verschiedenen Staaten auf keinen gemeinsamen Nenner gebracht werden könnten. Dieser Schritt wäre nur möglich, wenn die Menschen ihre aggressiven Instinkte und Triebe den Diktaten der Vernunft unterordnen würden, doch diese Vorstellung ist für Freud eher eine Utopie, wenn man insbesondere die Aggressionsneigung als eine selbständige Triebanlage in Betracht zieht und die Aggressionen als Abkömmlinge des Todestriebes begreift (Freud 1993). Eine denkbare, aber sehr schwierige Möglichkeit könnte für beide die Errichtung „supernational organisations“ mit kontrollierender und exekutiver Macht sein, was in einem späteren Kapitel diskutiert werden soll.

Das aggressive Verhalten nach dem Sozialpsychologen Erich Fromm – seine Differenzen zu Freud

Fromm differenziert den Begriff Aggression, indem er positive und negative Akte postuliert. Positiv ist z. B. schützendes Verhalten bei empfundener Lebensgefahr, denn es ist einleuchtend, dass Notwehr gegenüber Gefahren eine sinnvolle menschliche Reaktion ist, um das eigene Leben zu retten. In der Sichtweise Fromms ist dieses aggressive Verhalten „eine Reaktion auf jede Art von Lebensbedrohung – oder, wie ich lieber in einem allgemeinen Sinne sagen möchte, der vitalen Interessen eines Lebewesens – als Individuum und als Mitglied seiner Art“ (Fromm 1974, S. 116). Positiv sind, Fromm zufolge, zudem konstruktive Akte, wie sich durchzusetzen und sich selbst zu überwinden. Ein

Durchsetzungsvermögen lässt erkennen, dass der Mensch die Fähigkeit besitzt, das, was er will, auch gegen Widerstände durchzusetzen. Der andere Aspekt konstruktiver Aggression sieht Fromm darin, sich selbst zu überwinden. Diese Sichtweise erinnert an Nietzsche, dessen ständiges Ziel der Menschen sein sollte, jeden Tag einen „Feldzug" gegen sich selbst zu führen (siehe Nietzsche 2011). Aggressiv gegen sich selbst zu sein, impliziert, sich nicht mit dem zufrieden zu geben, was man ist, sondern über sich selbst hinauszuwachsen.

Eine negative Aggression ist für Fromm dann gegeben, wenn die Handlung auf Zerstörung der Umwelt ausgerichtet ist. So gibt es eine gutartige Aggression, die biologisch notwendig und geistig sinnvoll ist (S. 207 ff.), im Gegensatz zu der bösartigen Aggression, die destruktiv, irrational und grausam ist (S. 245 ff.). Dass Aggressionen nicht Abkömmlinge eines dem Menschen innewohnenden Todestriebes sind, demonstriert Fromm u. a. mithilfe paläontologischer (S. 144 ff.) und anthropologischer Studien (149 ff.), die zeigen, dass die Unterschiede in den Handlungsweisen zwischen den Gesellschaften sehr groß sind, und man daher nicht von angeborenen Aggressionsneigungen reden kann. Fromms geschichtliche Studien haben ihn überzeugt, instrumentale und nicht dem Menschen innewohnende Triebe als Hauptursache des Krieges zu bestimmen (S. 232). Kriege werden in seiner Sichtweise daher nicht wegen eines angeborenen Todestriebs geführt, sondern wegen realistischen Interessenkonflikten wie Landbesitz, Reichtümer, Rohstoffe, Märkte (S. 233 ff.). In dieser Weise können auch die zwei Weltkriege durch diese realistischen Ziele und nicht durch innewohnende Aggressionsneigungen erklärt werden. So weicht der Sozialpsychologe Fromm in seinen Werken von dem Psychoanalytiker Freud ab, indem er nicht den Todestrieb als treibende Kraft der Kriege sieht, vielmehr soziale, wirtschaftliche, materielle und politische Gründe ausschlaggebend für die Aggressionsneigungen der Menschen seien.

Frustration und soziales Lernen als Ursachen der Aggression und Gewalt

Die meisten amerikanischen Forscher haben sich von der Instinkt- sowie Trieblehre distanziert und Umweltfaktoren zur Erklärung der Aggressionsneigungen und der Gewalt herangezogen. Schon 1939 entwickelten John Dollard et al. eine Frustrations-Aggressionstheorie, nach welcher Aggressionen eine Folge der Frustrationen und nicht eines innewohnenden Triebes sein sollen. Frustrationen (Hindernisfrustration, Frustration durch Provokation und Frustrationen durch psychische Stressoren) sollen demnach für Aggressionen und Gewalt verantwortlich gemacht werden. Das Interesse zentriert sich also nunmehr auf spezifische Umwelten, die den Menschen frustrieren, weil sie ihn daran hindern, seine Bedürfnisse zu befriedigen oder ihm die Realisierung seiner Ziele verwehren, denn wenn er auf ein Ziel lossteuert und der Lebensphilosoph Nietzsche betont ja immer wieder, dass man sich im Alltagsleben „ein Ziel zu geben weiß" (Nietzsche 1994, KSA 13, S. 51) und er wird davon abgehalten, seine Absicht zu verwirklichen, dann tritt bittere Enttäuschung bei ihm auf und diese kann zu aggressiven Handlungen führen. Das Wort „kann" indiziert, so Neal Miller (1941), dass es sein kann, aber nicht sein muss, nämlich dann, wenn eine bestimmte Frustrationstoleranz vorliegt. Diese ist nicht, wie oft vermutet wird, eine Schwäche, sondern eher eine Stärke des Menschen. Sie ist nämlich die Fähigkeit, unangenehme Umstände auszuhalten. Nietzsche betonte in seinem späteren Leben: „Was mich nicht umbringt, macht mich stärker" (Nietzsche 1922, 8). Frustrationsforscher, wie z. B. Leonard Berkowitz (1969), vertreten die These, wonach Frustrationen nicht unmittelbar in Aggressionen resultieren müssen, sondern mittelbar durch affektive Reaktionen, wie Wut oder Ärger, dazu führen können. Darüber hinaus werden Aggressionsneigungen von spezifischen situativen Faktoren, wie z. B. von der spezifischen Lerngeschichte des Menschen geprägt. Mit dieser Sichtweise nähert sich Berkowitz der sozialen Lerntheorie von Albert Bandura, für den aggressive Verhaltensweisen, ebenso wie sonstige Verhaltensweisen, erlernt werden (Bandura 1973). Die soziale Lerntheorie erklärt, wie sich Aggressivität entwickelt, durch welche sozialen Reize und Umweltfaktoren sie gefördert wird und wie sie sich, nachdem sie sich konstituiert hat, aufrechterhalten kann. In dieser Sichtweise ist das soziale Lernen zum größten Teil verantwortlich für die Anstiftung und den Erwerb aggressiven Verhaltens (siehe Werth und Mayer 2008), was sich auch in der Vielfalt gewalttätiger Sendungen im Fernsehen oder in den Videospielen und der sich daraus später ergebenden Aggressivität manifestieren kann.

Zusammenfassend kann festgehalten werden, dass es weitaus einfacher ist, einen jungen Menschen unter einen Soldatenhelm zu bringen, der aggressives Verhalten in seiner Umwelt erlernt hat und zudem sich ständig gewaltverherrlichende Filme und Videos anschaut als einen, der in seinem Alltagsleben keine aggressiven Verhaltensweisen manifestiert und auch keine Gewalt-Videos sehen will. Das Positive an der Theorie des sozialen Lernens ist, dass im Gegensatz zum angeborenen Aggressionstrieb oder zum Todestrieb, nach deren Konzeption hier Möglichkeiten bestehen, soziale Veränderungen vorzunehmen, die auf die Fähigkeiten und Bedürfnisse der Menschen einzugehen vermögen und die sich dann positiv auf das Bewusstsein der jungen Menschen auswirken können. Ferner bedarf es, um aggressives Verhalten nicht zu erlernen, gewisser Transformationen in der Gesellschaft – weg von einer Gewaltkultur hin zu einer auf Frieden und Harmonie ausgerichteten Kultur, die bereits in der Familie und dann auch Schule und Arbeitswelt Konflikte friedlich oder gewaltfrei zu lösen versucht. Das Motto einer friedensschaffenden Gesellschaft sollte es sein, Konflikte ohne Gewalt zu lösen – der Gegensatz der gewaltverherrlichenden Videos. Im Einklang mit dem Ziel, Frieden ohne Gewaltanwendung zu schaffen, sollte auch die Waffenkultur allmählich in Frage gestellt werden, also auf das Gegenteil der jetzigen Politik der Aufrüstung hinarbeiten. Der Waffenhandel sollte darüber hinaus in der Welt gestoppt werden und statt kriegerischen Auslandseinsätzen, die ironischerweise als humanitäre Nation-Building bezeichnet werden, sollten zivile und friedliche Konfliktstrategien entwickelt werden, was weiter unten aufgegriffen werden soll.

Literatur

Amnesty Report (2021). *Israel und besetzte palästinensische Gebiete 2021.* Online: https://www.amnesty.de/information/amnesty-report/israel-und-besetzte-palaestinensische-gebiete-2021 (abgerufen am 6.10.2022)

Bandura, Albert (1973). *Aggression: A social Learning Analysis.* Englewood Cliffs.

Berkowitz, Leonard (1969). *Roots of Aggression. A Re-examination of the Frustration-Aggression Hypothesis*. New York.

Der Theologe (2022). Der Aufruf zu Krieg und Völkermord in der Bibel. In: *Der Theologe*, Nr. 26 vom 23.08.2022.

Dollard, John et al. (1939). *Frustration und Aggression*. New Haven.

Einstein, Albert (1985). Why War? A Letter from Albert Einstein to Sigmund Freud. In: *The UNESCO Courier* 05–1985.

Feuerbach, Ludwig (1903). *Das Wesen der Religion*. Stuttgart.

Freud, Sigmund (2000). Jenseits des Lustprinzips. In: Derselbe, *Studienausgabe, Band III*, Frankfurt/Main.

Freud, Sigmund (1968). Das Unbehagen in der Kultur. In: *Gesammelte Werke, Band XVIII*. Frankfurt/Main.

Freud, Sigmund (1993). A Letter from Sigmund Freud to Albert Einstein. In: *The UNESCO Courier* 03–1993.

Fromm, Erich (1974). *Anatomie der menschlichen Destruktivität*. Stuttgart.

Got questions (2016). *Ist die Religion der Grund für die meisten Kriege?* Online: gotquestions.org/deutsch/religionskriege.html (abgerufen am 5.!0.2022).

Grace Community Church (2022). *Die Breite und Tiefe der Sünde*. Online: https://www. Gty.org/library/sermons-library/de90-234/die-breite-und-tiefe-der-suende-german (abgerufen am 4.10.2022).

Greenblatt, Stehen (2018). *Die Geschichte von Adam und Eva: der mächtigste Mythos der Menschheit*. München.

Heine, Susanne (2014). Das Böse und die Sünde. In: *ORT* am 6.07.2014 um 6.55 Uhr.

Hobbes, Thomas (2004). *Leviathan*. Hamburg.

Miller, Neal (1941). The Frustration-Aggression Hypothesis. In: *Psychological Review*, 48, 4, S. 337–342.

Nietzsche, Friedrich (2011). *Morgenröte*. Köln.

Nietzsche, Friedrich (1994). *Werke, KSA 13*. Berlin.

Nietzsche, Friedrich (1922). *Götterdämmerung*. Leipzig.

Schwienhorst-Schönberger, Ludger (2022). Segensreiche Macht. In: *Herder Korrespondenz*, 5, 2022, S. 27–30.

Werth, Lioba und Mayer, Jennifer (2008). *Sozialpsychologie*. Berlin.

4 Der andere Mensch als der Fremde und als der Feind

Die jesuanische Vorstellung: Der andere Mensch als mein Nächster

Wer ist der andere? Wie konstruiere ich ihn? Ist er ein Fremder oder ist er mein Nächster? Spielt bei der Bewertung des anderen die räumliche Distanz eine Rolle? Ist nur derjenige mein Nächster, der sich in meiner näheren Umwelt befindet, wie meine Frau, mein Ehegatte, meine Verwandten, Freunde, Bekannten, meine Nachbarn und meine Landsleute? Was ist mit Menschen, die anderen Kulturen und Völkern angehören? Sollten die nicht auch meine Nächsten sein, insbesondere dann, wenn sie unser Land aufsuchen? Jesus zufolge sollte der Begriff des Nächsten keiner Begrenzung unterliegen. Jeder Mensch sollte in seiner Existenz bejaht werden. Jenseits aller möglichen Begrenzungen sollte der andere Teil der von Jesus in der Bergpredigt (Matthäus 5) geforderten Nächstenliebe sein. Das Gleichnis des barmherzigen Samariters veranschaulicht, wie ein Priester und ein Levit an einem von Kriminellen zusammengeschlagenen, blutenden und am Boden liegenden Opfer vorbeizogen, weil dieses Opfer nicht ihrer Volksgruppe und Ethnie angehörte und daher nicht ihr Nächster sein konnte. Nur ein Samariter bewegte sich gefühlvoll auf das Opfer zu, verband es und brachte es fürsorglich zu einer Herberge und kam sogar für die Kosten der Behandlung auf (siehe Lukas 19, 25–37). Der Samariter tritt in eine Beziehung zum hilfebedürftigen Nächsten, jenseits religiöser und ethnischer Grenzen. Er zeigte dem anderen gegenüber Mitleid und Mitgefühl. Jesus will zeigen, dass es in der Welt Menschen gibt, die Bedürftigen helfen wollen und dabei bis an das Limit ihrer Möglichkeiten gehen, während nicht wenige Menschen wegschauen und weglaufen, weil fremdes Leid, so bitter es auch sein mag, sie nichts angeht. In einem Sprichwort heißt es: „Jeder ist sich selbst der Nächste", was ganz und gar dem kapitalistischen Denken entspricht. Das Samaritertum soll jedoch den gleichgültigen Menschen die Augen für einen neuen Blick auf den anderen Menschen öffnen. Statt des senkenden Blicks soll der Mensch seinen Blick heben und auf das Elend der anderen eingehen. Mithilfe dieses Blickes könnte eine neue Welt aufgebaut werden, in der das Gemeinwohl im Vordergrund steht (siehe dazu Hellerich 2014). In dieser neuen Welt würde es keine kriegerischen Auseinandersetzungen mehr geben, denn einer, der den anderen als Nächsten wahrnimmt, könnte nie unter einen soldatischen Helm gebracht werden und andere Menschen töten. Leider ist der Blick auf den anderen als Nächsten nur selten im weltlichen Denken und Handeln verwurzelt, sondern der andere wird insbesondere in anonymen Großstädten einfach ignoriert oder er wird im kapitalistischen Rahmen eher als Gegner oder als Konkurrent wahrgenommen oder im schlimmsten Fall, stehen sich Menschen, falls es sich bei ihnen um andere Sitten, Gebräuche und Sprachen handelt, als Fremde gegenüber. Wenn dann darüber hinaus sogar zwischenmenschliche Konflikte auftreten sollten, dann können sie zudem als Feinde konstruiert werden.

Der andere als Fremder

Statt den anderen als Nächsten zu sehen, dem wir begegnen und beistehen wollen, erzeugt der andere in der Menschheitsgeschichte oft Unbehagen und Angst, insbesondere dann, wenn er von der bestehenden Ordnung und der eigenen Wahrheit abweicht und Verhaltensweisen manifestiert, die unbegreiflich, unerklärlich, unverständlich oder gar fremd erscheinen. Albert Camus stellt in seinem Buch *Der Fremde* diese abweichenden Verhaltensweisen bei dem Einzelgänger Meursault dar. Er verkörpert als zentrale Figur des Romans den Gegenpart zur Gesellschaft, denn seine nihilistischen Denkformen und moralisch zweifelhaften Handlungen entsprechen nicht den Normen oder Werten der Gesellschaft und müssen von Seiten staatlicher Institutionen bekämpft werden (siehe Camus 2010). Die Abweichungen bestimmter Individuen und Gruppen von den vorherrschenden Normen der jeweiligen Kulturen haben staatliche Interventionen zur Folge. Sie ziehen sich durch die Geschichte der Menschheit hindurch (siehe Foucault 1977). Das Abweichende wird als das Fremde, das Lästige und Störende in der Gesellschaft konzipiert, das bekämpft werden muss. Die gegen gesellschaftliche Abweichungen und Störungen vorgehenden Macht- und Ordnungssysteme fungieren als Entstörungsmaschinerien. Sie sind eine Art der Vorbeugung gegen Revolte oder gar Kriege im Innern des Landes. Spannungen mit dem Fremden und Andersartigen ergeben sich nicht nur in den jeweiligen Staaten selbst, sondern auch zwischen den Staaten. Aus einer geschichtlichen Perspektive heraus kam es aufgrund des Fremd- und Andersartigen zu häufigen Gegensätzen und Konflikten zwischen den diversen Kulturen. Im Folgenden sollen zwei der vielen Kulturkonflikte in der Geschichte als Paradebeispiele erörtert werden, um das Umgehen mit dem Fremden, Abweichenden und Andersartigen zu verdeutlichen. Zum einen soll das Fremde zwischen dem Christentum und dem Islam und zum anderen das zwischen dem Christentum und den Indianern erläutert werden.

Bevor konkret auf die kriegerischen Auseinandersetzungen zwischen dem Christentum und dem Islam anhand der Kreuzzüge wie auch denen zwischen den Kolonialmächten und den Indianern am Beispiel der Entdeckung Amerikas, eingegangen werden soll, ist es angebracht, diese historische Gegensätzlichkeit etwas näher zu beleuchten, denn beiden liegt ein Kampf der Kulturen zugrunde, wie dies Huntington bezeichnet hat. Statt Konflikten zwischen Staaten und Ideologien wird der Frontverlauf der Zukunft und der Weltpolitik, seiner Sichtweise entsprechend, durch die Bedrohung des Islam geprägt (siehe Huntington 1996). Ähnlich denkt Gardini in seinem Buch *Europa und der Islam* (2000).

Im Hinblick auf das kolonisierende Christentum und das indianische Volk sei kurz angemerkt, wie grauenvoll die Christen gegen die Ureinwohner Süd- und Nordamerikas vorgingen. Sie raubten, um nur ein Beispiel zu nennen, Kinder in Amazonien mit der Bibel in Hand, um aus ihnen Christen zu machen (siehe Amazonas.de 2020). Oder die christliche Mission verfolgte das Ziel, Indianer zu Amerikanern zu machen, d. h. das Indianische so weit wie möglich auszulöschen. „Es ging darum: Wir retten zwar den Menschen, aber wir löschen alles Indianische an ihm aus, also save the Man but kill the Indian" (Kaspar 2016).

Die Kreuzzüge als Kampf der Kulturen

Die große Gegensätzlichkeit der Kulturen manifestierte sich im Mittelalter bei den Kreuzzügen zwischen den Christen der römisch-katholischen Kirche und den Muslimen. Gegen den Islam hatten die christlichen Kreuzfahrer große Kreuze auf ihren Schiffen und waren darauf bedacht, den christlichen Glauben zu verteidigen und die Muslime zurückzudrängen. Doch darüber hinaus wollten sie sich auch Ländereien aneignen. Es war ein Heiliger Krieg – so kämpften die Kreuzritter um das Seelenheil anderer, aber ebenso machten sie weltliche Machtansprüche geltend. „Oft hinterließen die Kreuzritter auf ihrem Weg Verwüstung und Tod" (Eberhorn 2021). Bei den Kreuzzügen stießen die Christen mit ihren bestimmten religiösen und kulturellen Bezugssystemen auf normenabweichendes Fremdes in Form anderer Völker, Kulturen, Religionen und Mächte. Das Fremde war für sie demzufolge etwas völlig Andersartiges, Unbekanntes, Rätselhaftes und Unverständliches (siehe Hinterleitner 2021). Der Muslim wurde durch den Heiligen Krieg vom Fremden zum Feind, der bekämpft werden musste.

Die christliche Kolonisierung der Indianer: Der Kampf ums Überleben

Ähnlich erging es den Europäern bei der Entdeckung Amerikas. Es standen sich zu jener Zeit unterschiedliche Menschen gegenüber, die sich von beiden Seiten aus als Fremde wahrnahmen. „Doch die Ureinwohner, die Kolumbus ‚Indianer' nennt, nähern sich den Neuankömmlingen und beschenken sie sogar mit Papageienfedern und Baumwollknäueln. Sie halten die Weißen für Abgesandte des Himmels, schreibt Kolumbus nieder" (Planet Wissen k. D.). Aus der Entdeckung Amerikas wurden jedoch im Laufe der Zeit eine Eroberung des fremden Landes und eine Unterwerfung der fremden Menschen. „Die Ureinwohnerinnen und Ureinwohner, die in den Weißen einst Freunde sahen, sterben zu Hunderttausenden durch die Waffen, die Bluthunde und die Krankheiten der Europäer. Am Ende wird nur ein Bruchteil der 50 Millionen Ureinwohner Lateinamerikas die 300-jährige spanische Herrschaft, die 1492 beginnt, überleben“ (ebenda). Die Indianer, die über die fremden Europäer zunächst staunten und ihnen sehr freundschaftlich, nett und entgegenkommend gegenübertraten, wurden von ihnen im Laufe der Zeit bitter enttäuscht, denn ihr bisheriges Leben wurde völlig zerstört und ihr üblicher Alltag jäh unterbrochen. Bei den Kreuzfahrten, wie auch bei der Eroberung Amerikas „handelt es sich um affektiv getönte Widerfahrnisse wie das Erstaunen und Erschrecken, um Störungen, die den gewohnten Gang der Dinge unterbrechen, um Anomalien, die von der Normalität abweichen. Fremdes affiziert uns, bevor wir zustimmend oder ablehnend darauf zugehen. Es gleicht einem Einfall, der unvermutet, auch ungelegen kommt“ (Waldenfels, 2007, S. 363). Es treffen bei den Kreuzzügen und der Eroberung Amerikas unterschiedliche Kulturen mit voneinander abweichenden Normen aufeinander. Die Indianer, die von den europäischen Normen abweichen, werden als störend empfunden, sanktioniert und ein brutales Herrschaftssystem über sie aufgebaut. In gewisser Weise ist die Kolonialisierung der Indianer ein Abbild der Macht-, Normen- und Ordnungssysteme der europäischen Geschichte selbst. Die Abweichenden wurden als Andersartige oder Fremde wahrgenommen. Das Abweichende des Fremden wurde in Form des Unbekannten, Unbegreiflichen und Unerklärlichen als bedrohlich empfunden und löste bei den Europäern Angst aus. Entscheidend ist jedoch, „welche Haltung ich zur Angst vor dem Fremden entwickle und wie ich damit umgehe“ (Molzberger mit Moderator Sonntag 2015), denn die Angst vor der fremden Kultur löste bei den Kolonialisten Unbehagen und Bedrohung aus – im Gegensatz dazu hätte eine Gastfreundschaft die Furcht vor dem Fremden neutralisieren können. Die generalisierte Feindseligkeit gegenüber anderen Völkern wird in der Kulturanthropologie und Psychologie als Ethnozentrismus bezeichnet (siehe Wikipedia 2021). Er zeigt sich insbesondere dadurch, dass die eigene Ethnie als höherwertig gegenüber anderen Völkern bewertet wird und es zu einer Feindseligkeit anderen Ethnien gegenüber kommen kann. Die eigenen Werte und Normen liegen jeweils als Richtschnur der Beurteilung anderer zugrunde und diese bestimmen dann, wie mit den anderen, den Abweichenden, umgegangen werden soll.

Das andere der Vernunft: Ähnlichkeiten des europäischen Umgangs mit Indianern und Wahnsinnigen

Foucault zeigt in seinen Studien, wie das andere der Vernunft oder das Fremdsein in einer auf Zweckrationalität ausgerichteten Gesellschaft keinen Platz fand, d. h. es manifestierte sich im Großen und Ganzen eine Haltung der Ablehnung des als fremd erscheinenden und Angst heraufbeschwörenden Menschen (Foucault 1973). Der Blick auf den Wahnsinnigen, Verrückten und Irren hatte Ähnlichkeiten mit dem Blick, der auf die fremde Kultur der Indianer geworfen wurde. Da das Verhalten der beiden nicht begriffen, erklärt und vorausgesagt werden konnte, mussten sie unter ständiger Kontrolle gehalten werden. Solange der abweichende und gestörte andere in Anstalten ausgegrenzt wurde, wurde eine Distanz zwischen den einen, den Normalen und den anderen, den Anomalen geschaffen. Doch mit der Psychiatrie-Reform änderte sich das. Der nunmehr als psychisch Kranke kategorisierte Andere sollte in die Gesellschaft integriert werden und in Wohnungen im Ortskern untergebracht werden. Die psychisch Kranken rückten somit näher an die normale Bevölkerung heran. In der noch immer tief verwurzelten Wahrnehmung des anderen als nicht nur fremd, sondern möglicherweise gefährlich, kam, es zu Konflikten und indirekten kämpferischen Auseinandersetzungen. Die Fremden sollten aus ihrem Umfeld verschwinden. Sie wollten, da sie als andersartige, gefährliche und Angst erzeugende Wesen in der Nachbarschaft gesehen wurden, nicht mit ihnen zusammenleben. Aus diesem Grunde sollten sie wieder ausgegrenzt werden. Statt sie als Nächste zu konstruieren, wurden sie, wie die Indianer, zur Kolonialzeit, zum Ding degradiert. Ein Ding wird nicht ernst genommen, sondern wird von außen her als „Es" geordnet. Verdinglichung ist der philosophisch-ökonomische Ausdruck für solch ein strategisches Verhalten, welches das „Objekt" Mensch wie eine Ware zurechtrückt (siehe Marx 1973, Das Kapital. In: MEW Band XXIII, S. 887). „Die Normen werden zum Kriterium, nach dem die Individuen sortiert werden" (Foucault 1976, S. 84). Diese Vorgehensweisen ist, Adorno zufolge, ein „Vergessen" des Menschen als ein Subjekt mit menschlichen Möglichkeiten (Adorno 2000, Band III, S. 263).

Ähnliche Tendenzen der Verdinglichung sind auch bei den Migranten aus dem Nahen Osten oder aus Afrika festzustellen. Sie werden als Fremde wahrgenommen, denn sie haben eine andere Religion oder im weiteren Sinne liegt ihnen eine ganz und gar andere Kultur zugrunde. Starke Angst vor ihnen kommt insbesondere dann auf, wenn sich vereinzelte Zwischenfälle, wie z. B. Anschläge, Vergewaltigungen, Diebstähle, usw. ereignen. Selbst ihr Lebensstil soll, so die Auffassungen eines nicht geringen Teils der einheimischen Bevölkerung, anders sein – viele von ihnen sollen nur rumhängen und auf dumme Gedanken kommen oder gar kriminelle Tendenzen zeigen – und die Aufnahmeländer sollen für ihren kriminellen Aufenthalt aufkommen. Aber entsprechen diese Vorwürfe der Realität? Im Tagesspiegel wird wie folgt argumentiert: „Die Angst vor Kriminalität scheint ohnehin wenig mit der Realität zu tun zu haben. Die Zahl der Straftaten ging 2017 so stark zurück wie seit 20 Jahren nicht mehr. Der Hamburger Medienforscher Thomas Hestermann gab den Medien die Schuld daran, dass die Angst gegenüber Menschen aus anderen Kulturen immer größer werde. Sie hätten ‚den gewalttätigen Einwanderer als Angstfigur neu entdeckt'. So gebe es heute viermal mehr Fernsehberichte über kriminelle Zuwanderer als noch vor vier Jahren“ (Dernbach2018).

Die Folge einer solchen, oft verzerrten Wahrnehmung des Fremden führt dazu, dass sie nicht selten eine Transformation vom Fremden zum Feinde auslösen, infolgedessen Asylheime niedergebrannt und Ausländer angegriffen werden.

Der Feind im Kampf der Kulturen

Zunächst einmal muss unterschieden werden zwischen Gegner und Feind, denn „der Gegner ist nicht immer dein Feind. Dein Feind ist aber immer dein Gegner“ (Gutefrage k. D.). In einem sachlichen Verhältnis zum Gegner, wie z. B. im Sport, werden seine sportlichen Fähigkeiten gewürdigt, während im Fremden als dem Feind, nur das Böse wahrgenommen wird. Waldenfels erläutert diesen Unterschied zwischen beiden wie folgt: „Während die Gegnerschaft auf einem sachlichen Konflikt beruht, zielt die Feindschaft auf den anderen selbst. Das beginnt mit der Erzeugung von Feindbildern. Der Anblick des anderen weicht dem, was wir selbst an ihm sehen, die Anrede dem, was wir selbst über ihn sagen. Der Feind entpuppt sich als ein blick- und wortloses Wesen ohne Antlitz“ (Waldenfels 2007, S. 367).

Es gibt eine Menge globaler Feindbilder. Einige dieser Feindbilder sollen hier kurz erwähnt werden. „(1) Negative Bewertung, insbesondere als aggressiv, böse und unmoralisch, häufig auch minderwertig; dazu tragen wesentlich selektive Wahrnehmungen und Erinnerungen bei. (2) Entmenschlichung und Verweigerung von Empathie: Der Gegner wird zu ‚Ratte', ‚Schwein', ‚Hund' o. Ä. Moralische Normen gelten nicht mehr: Dem anderen dürfen Leid und Tod zugefügt werden. Mit der Entmenschlichung des Gegners geht somit – häufig unbemerkt – die eigene Menschlichkeit verloren. (3) Schuldzuschreibung (Attribuierung): Dem Gegner wird einseitig die Schuld zugeschrieben für negative Ereignisse und Konflikte bis hin zum Krieg“ (Feindbilder 2012). Während die einen ein positives Selbstbild über sich selbst konstruieren und sich als die Guten bezeichnen, wird den anderen, den Fremden, ein negatives Fremdbild zugeschrieben und sie werden als die Bösen stigmatisiert. Diese moralischen Wertungen erlauben es dem sogenannten Guten gegen den sogenannten Bösen zu intervenieren und sogar kriegerische Auseinandersetzungen in Erwägung zu ziehen (siehe Neuscheler 1995). In vielen Kriegen wird immer wieder angeführt, man kämpfe gegen das Böse. „Isoliert das Böse, dies ist die Maxime, die keine graduellen Annäherungen zwischen Gut und Böse zulässt“ (Wolf 2002). Im Irak-Krieg hat Bush immer wieder vom Krieg gegen die „Achse des Bösen“ gesprochen, aber auch Saddam Hussein bezeichnete den Krieg als Glaubenskrieg des Guten gegen das Böse (siehe Burgmer 2013).

Nur die Anerkennung des anderen als menschliches Wesen und die Auflösung der moralisch negativen Wertungen des Fremden, sowie der sich daraus ergebende Abbau des Feindbildes, könnte dazu beitragen, dass die Gewaltverhältnisse entwaffnet werden und alternative Beziehungen zum anderen Menschen entwickelt werden können. Dieser Schritt erfordert ein Umdenken der Menschen, das möglicherweise mit einer Innenschau oder Selbstreflexion erreicht werden könnte, um das eindimensionale und verfestigte Denken und Handeln in der Welt aufzubrechen. Damit der andere als Mensch oder als Subjekt in Erscheinung tritt, statt in einem im Feindbild konstruierten andersartigen Objekt zu verharren, muss es ein wesentlicher Bestandteil der Beziehung sein, sich dem anderen gegenüber zu öffnen, ihn anzuerkennen und eine neue Begegnungsstruktur aufzubauen (siehe der Blaue Reiter 2016).

Das Problem des anderen in der Geschichte der Psychiatrie bestand darin, dass in ihr der andersartige Wahnsinnige zum Schweigen gebracht wurde, weil die Meinung vorherrschte, er würde nichts Sinnvolles aussagen, weil in seiner Unvernunft kein Hauch von Vernünftigkeit entdeckt werden könne. Sogar in der Gegenwart mit all den Reformen wird er nunmehr als psychisch Kranker nicht ernst genommen (siehe Foucault 1973). In der Politik wiederum kommt der andere, der Fremde, der Feind in den diversen sozialen Medien zum Sprechen und er wird zwar gehört, doch es wird ihm keine Glaubwürdigkeit zugeschrieben, d. h. er wird nicht ernst genommen und seine Aussagen a priori als Propaganda oder Lügenkonstruktion abgetan, was im Ukrainekrieg deutlich wurde, wenn die Russen ihre Invasion neben der Ausweitung der Nato an die Grenzen Russlands mit der schlechten Behandlung der russischen Minderheit in der Ostukraine begründeten. Die Ukrainer wiederum stellen sich als die Unschuldigen und Überfallenen dar. Vielleicht kann derjenige, der sich der Wahrheit öffnen will, zu den wirklichen Gründen des Krieges vorstoßen, denn in den Kriegsdiskursen wird immer viel weggelassen, insbesondere Fakten und geschichtliche Erörterungen. Dieses Weglassen ist nicht selten „ein Versuch, bestimmte Sachverhalte nicht oder nur teilweise ans Licht kommen zu lassen“ (Gordan 2014, S. 45 f.). Oft ist es eine „Aufmerksamkeitsablenkung“ (ebenda), um vom wahren Sachverhalt abzurücken oder ein Ereignis nicht vollständig beschreiben zu wollen. Hier muss in diesem komplexen Krieg einer Sache auf den Grund gegangen werden. In einem Sprichwort heißt es, dass man die Wahrheit drücken, aber nicht erdrücken kann.

Literatur

Adorno, Theodor (2000). *Gesammelte Schriften*. München.

Amazonas.de (2020). *Mit der Bibel in der Hand*. Online: amazonas.de/mit-der-bibel-in-der-hand (abgerufen am 30.12.2022).

Burgmer, Christoph (2013). Der Krieg gegen die „Achse des Bösen“. In: *Deutschlandfunk* vom 20.03.2013.

Camus, Albert (2010). *Der Fremde*. Reinbek.

Der Blaue Reiter (2016). *Der Andere, der Fremde*, Ausgabe 39.

Dernbach, Andrea (2018). Wie Deutschland Migranten sieht. Fremdenhass gedeiht, wo es keine Fremden gibt. In: *Tagesspiegel* vom 18.09.2018.

Eberhorn, Johannes (2021). *Die Kreuzzüge um die Heilige Stadt*. Online: https://www.planet-wissen.de/geschichte/mittelalter/leben_im_mittelalter/pwiediekreuzzuegekriegumdieheiligestadt100.html (abgerufen am 1.12.2022).

Feindbilder (2012), In: *Dorsch – Lexikon der Psychologie*. Göttingen. Online: https://dorsch.hogrefe.com/stichwort/feindbilder (abgerufen am 5.11.2022).

Foucault, Michel (1973). *Wahnsinn und Gesellschaft*. Frankfurt am Main.

Foucault, Michel (1976). *Mikrophysik der Macht*. Berlin.

Foucault, Michel (1977). *Der Wille zum Wissen*. Frankfurt am Main.

Gardini, Franco (2000). *Europa und der Islam*. München.

Gordan, Jochen (2014). Die Psychologie des Lügens. In: *Cashiers d'Etudes Germaniques*, 07, 01, 45–51.

Gutefrage (k. D.). *Was ist der Unterschied zwischen Feind und Gegner*. Online: gutefrage.net/frage/was-ist-der-unterschied-zwischen-feind-und-gegner (abgerufen am 5.11.2022).

Hellerich, Gert (2014). *Jesus – Sozialer Arbeiter*. Berlin.

Hinterleitner, Georg (2021). *Der Blick auf den anderen. Wie sahen die ersten Kreuzfahrer ihre Gegner?* Münster.

Huntington, Samuel P. (1996). *Kampf der Kulturen: Die Neugestaltung der Weltpolitik im 21. Jahrhundert*. München.

Kaspar, Frank (2016). Christliche Mission in den USA: Wie die „Indianer“ zu „Amerikanern“ gemacht wurden. In: *Deutschlandfunk Kultur* vom 26.10.2016.

Marx, Karl (1973). Das Kapital. In: *MEW, Band XXIII*. Berlin.

Molsberger, Rita (2015). Philosophie: Umgang mit Fremdheit. Das Fremde. Ich und die anderen. In: *Deutschlandfunk Nova* vom 28.12.2015.

Neuscheler, Franz (1995). Braucht die Politik Feindbilder? In: Hilpert Jürgen Werbick (Hrsg.). *Mit den Anderen leben*. Düsseldorf.

Planet Wissen (k. D.). *Kolumbus und die Eroberung Amerikas.* Online: https://www.planet-wissen.de/geschichte/neuzeit/entdeckung_amerikas/index.html (abgerufen am 20.11.2022).

Todorov, T. (1985). *Die Eroberung Americas. Das Problem des Anderen.* Frankfurt am Main.

Waldenfels, Bernhard (2007). Das Fremde denken. In: *Zeithistorische Forschungen – Studies in Contemporary History*, 4, S. 361–368.

Wikipedia (2021). *Ethnozentrismus.* Online: https://de.wikipedia.org/wiki/Ethnozentrismus (abgerufen am 22.11,2022).

Wolf, Jean Claude (2002). Zu viel des Guten im Kampf gegen das Böse. In: *Züricher Zeitung* vom 27.07.2002.

5 Die Zurichtung des Soldaten – seine Umwertung ziviler in kriegerische Werte

Natur und Kultur: Zivile Sozialisation – von der ersten zur zweiten Natur

Der Mensch wird, wie es Heidegger in seinem Buch *Sein und Zeit* (1986) formulierte, in die Welt geworfen (erste Natur) und in der Welt erfolgt seine körperliche, geistige, soziale, emotionale und moralische Zurichtung (zweite Natur). Er erlernt in der jeweiligen Zivilisation bestimmte, für ihn und seine Mitmenschen im Sinne des Zusammenlebens unabdingbare Werte, wie Empathie, Pflichtbewusstsein, die Menschenwürde zu respektieren, Toleranz, Selbstbestimmung, Zuverlässigkeit, Treue, Gerechtigkeit, usw. Nach Aristoteles bedarf es einer langen und dauernden Übung, damit diese Form der Sozialisation allmählich zur zweiten Natur des Menschen werden kann (Aristoteles 1981, S. 221). Es wird beim Menschen durch gewisse Institutionen, Moral- und Rechtssysteme ein bestimmtes, den gesellschaftlichen Vorstellungen und Normen entsprechendes Menschenbild erzeugt. Hegel bezeichnet die auf den Menschen einwirkendenden zivilisatorischen Systeme als Repräsentanten des „objektiven Geistes", was zuvor im subjektiven Geist (in der ersten Natur) noch nicht vorhanden war, also eine mithilfe der kulturellen Sozialisation vermittelte zweite Natur (siehe Hegel 2010). Für Foucault sind es die Macht-, Normen- und Wahrheitssysteme, die eine zweite Natur in Form fügsamer und nützlicher Individuen hervorbringen. Es geht darum, „den Körper im Detail zu bearbeiten, auf ihn einen fein abgestimmten Zwang auszuüben" (Foucault 1994, S. 175). Arnold Gehlen zeigt in seinem Buch *Der Mensch, seine Natur und seine Stellung in der Welt* (1993), wie der Mensch von Natur aus wegen seiner „organischen Primitivität und Mittelmäßigkeit als lebensunfähig" (S. 37) eigestuft werden kann. Die „Unfertigkeit“ der ersten Natur wird durch die Kulturwelt zu einem „In-Form-Kommen“ der zweiten Natur (S. 70). Was ist die Bedeutung der Kultur, die den Menschen in Form kommen lässt? „Zur Kultur zählt eigentlich alles, was vom Menschen geschaffen und gestaltet wurde. Auch die Art und Weise, wie das Zusammenleben gestaltet ist, gehört dazu“ (Demokratie Werkstatt k. D.). Das vom Menschen Geschaffene ist vielfältig: es ist die Sprache, die Kunst, die Normen, die Moral, die Religion, die Wirtschaft und vieles mehr. Es sind ebenso die zwischenmenschlichen Werte, wie positive Kontakte zu anderen Menschen, Bindung, Fürsorge, Mitgefühl, Vertrauen, welche jeder Sozialisierte sich aneignen soll, die auch das Zusammenleben des Menschen zu seinen Mitmenschen prägt. Zwischenmenschliche Werte leiten das menschliche Handeln und sie sind, Hofstede zufolge, im Leben stabil und weitgehend kontinuierlich, denn sie festigen in gewisser Weise das gesellschaftliche Leben (Hofstede 2001, S. 9 f.). Wenn wir jedoch einen Blick auf die militärische Sozialisation werfen, scheint es nunmehr so, dass es bei der Transition von der einen – der zivilen – zur anderen – der militärischen – Sozialisation im Hinblick auf die zwischenmenschlichen Werte zu gewissen Brüchen zu den bislang erfolgten Werten kommt, was im Folgenden dargelegt werden soll.

Die militärische Sozialisation des Soldaten

Bei der Sozialisation des Soldaten durchdringen den Körper „alle minutiösen Kontrollen der Macht“ (Foucault 1994, S. 195). Die soldatischen Abläufe werden von den Machtverhältnissen bestimmt, die den Menschen zurichten sollen, damit er das wird, was er noch nicht ist. Zwar bleiben einige Werte von der zweiten Natur erhalten, wie Pflichtbewusstsein, Loyalität, Treue, Zuverlässigkeit, aber es gehen andere, wie Freiheit, Selbstbestimmung, Toleranz verloren. Darüber hinaus werden neue Kriegswerte hinzugefügt, wie absoluter Gehorsam und das Töten anderer als Feinde konstruierter Menschen. Was in der zweiten Natur dem Menschen nicht erlaubt war, nämlich seine Mitmenschen zu töten und ihm Gefängnisstrafen, ja ihm vielleicht sogar in einigen Ländern die Todesstrafe auferlegt werden konnte, wird im erbitterten Kampf des Krieges durch den Befehl „Du musst töten“ ins Gegenteil verkehrt, damit er und die eigene Truppe abgesichert und nicht ausgelöscht werden. Der Krieg kann nur dann gewonnen werden, wenn so viele der Feinde wie möglich getötet werden. Was Foucault in der *Archäologie der Humanwissenschaften* (2003) als Übergang von einer Ära zur anderen beschreibt, kann ohne weiteres auf die Transition der Mentalität des Soldaten von einer Sozialisation zur anderen hin übergetragen werden. Es besteht eine Kontinuität des Sozialisierten, d. h. es werden Werte von der vorherigen Sozialisation, wie Pflichtbewusstsein, Treue und Loyalität beibehalten. Der Bruch erfolgt jedoch, wenn einzelne Werte, insbesondere die, welche die auf die Zwischenmenschlichkeit und das Mitgefühl ausgerichtet sind, im Krieg ihren Sinn verloren haben – z. B. Respekt und Anerkennung der anderen Person und die Forderung, ihr keinen Schaden zuzufügen. Dieser Bruch in der militärischen, im Gegensatz zur zivilen Sozialisation, beginnt in der Anfangsphase der militärischen Ausbildung und verstärkt sich dann in der Routinephase (siehe Rothacher 1980). In der ersten Phase, in der es zum Übergang vom zivilen zum militärischen Bewusstsein kommt, besteht anfangs noch eine große Unsicherheit, da das neue Leben beim Militär zunächst ziemlich anders ist als das zivile Leben zuvor. Darüber hinaus ist der Soldat von seinem früheren sozialen Leben weitaus isoliert. Im Laufe der Sozialisation erfolgt dann allmählich eine Transformation von der zivilen zur militärischen Identität: „The initiation period is supposed to break the draftees' civilian identities and to facilitate the internalization of a completely new set of military norms and of a military identity" (Rothacher 1980). Cooper et al. argumentieren, dass der Soldat „is separated from the rest of society and is devoid of any offstage area to withdraw ensuring that any sense of a prior identity or individuality is removed and achieving a full integration into the organizational environment" (Cooper et al. 2018, S. 156 f.).

Die radikale Transformation von den zivilen zu den militärischen Werten manifestiert sich am prägnantesten in der Transition vom zivilen Verbot „Du sollst nicht töten" hin zum Befehl „Du musst töten". Baberowski bezeichnet den Befehl „Du sollst töten" als die „Normalität des Unmenschlichen" im Krieg. Er schreibt: „In wenigen Tagen und Wochen verschieben sich für die Soldaten alle moralischen Maßstäbe, die im Frieden selbstverständlich waren. Gestern war es noch verboten, Menschen zu töten, und heute schon ist es nicht nur erlaubt, sondern geboten. Bald weiß der Soldat, der ins Gefecht geschickt wird, dass sein Überleben einzig von der Fähigkeit abhängt, das Leben anderer auszulöschen“ (Baberowski 2022). Das sind die grausamen Regeln des Krieges: man muss töten, um nicht selbst getötet zu werden. Dem Soldaten, der den Befehl „Du musst töten“ ausführt, kann nicht vorgeworfen werden, er sei dumm oder er sei gottlos, sonst würde er die unmenschlichen Taten nicht begehen. Nein, die meisten Soldaten im Westen sind Christen und sie beten nicht selten für ihre eigene Sicherheit und dass Gott auf ihrer Seite stehen soll. Ähnliches zeigt sich auch im Islam, wo Ala auf der Seite der Gläubigen gegen die Ungläubigen stehen soll. Es stellt sich die Frage, ob sich ein Soldat an das Töten gewöhnen kann, ja er vielleicht im Krieg sogar beim Töten dazu gebracht werden kann, zu frohlocken, Macht über andere zu haben. Ein Beispiel aus dem 2. Weltkrieg, das auf Abhörprotokollen beruht, illustriert diese brutale Entwicklung und entsetzlich unmenschliche Einstellung mancher Soldaten: „So prahlten junge Soldaten in lustiger Runde, wie sie mit ihren Jagdfliegern einen Marktplatz in einer englischen Stadt ins Visier nahmen, dabei jeden Radfahrer und jeden Kinderwagen ‚niedermähten‘ oder junge Mädchen zuerst vergewaltigten und dann ermordeten. Dies schien für die Soldaten nichts Besonderes zu sein, moralische Bedenken oder gar Kritik wurden nicht geäußert“ (Köhler 2011). Aber nicht nur Nazi-Soldaten begingen unmenschliche Handlungen. In beinahe allen Kriegen wird die Menschlichkeit mit Füßen getreten. Vor einigen Jahren wurde über Schandtaten amerikanische Soldaten berichtet: „Us soldiers killed Afghan civilians for sport and collected fingers as trophies“ (McGreal 2010). Wie abscheulich können sich bestimmte Soldaten im Krieg benehmen, die zuvor in der zivilen Gesellschaft kaum aufgefallen sind und oft als nette junge Menschen bezeichnet wurden.

Militärischer Gehorsam des Soldaten bis hin zum Kadavergehorsam

Die Soldaten werden sozialisiert, den militärischen Führern zu gehorchen und sie unterwerfen sich ihnen häufig aus Furcht vor Sanktionen. Selbst wenn der Befehl gegen ihre eigenen Vorstellungen sein sollte, kooperieren sie, um nicht aufzufallen oder den Leutnanten oder Offizieren keinen Ärger zu bereiten.

Ein von Stanley Milgram von der Yale Universität durchgeführtes Experiment bestätigt diese Art von Gehorsam junger Menschen bereits im zivilen Leben. Der Experimentierende (im Experiment wird er als die Autorität bezeichnet) verlangte von dem Teilnehmer/innen, dass eine Person einer anderen Elektroschocks verabreicht, die als schmerzhaft und gefährlich galten. Im Experiment setzten 65% der Teilnehmer/innen die Elektroschocks fort, obwohl die die Schocks erlittene Person vor Schmerzen schrie und protestierte, aber die Autorität forderte, dass die Teilnehmer/innen weiter machen sollten. Bei den sich widersprechenden Werten, zum einen den Mitmenschen zu respektieren und ihm keinen Schaden zuzufügen und zum anderen der Autorität zu gehorchen, unterwarfen sich 2/3 der Autorität. Die Schlussfolgerung Stanley Milgrams war, dass auch gewöhnliche Menschen, die noch nie in ihrem bisherigen Leben als gewalttätig aufgefallen sind, solche unmenschliche Verhaltensweisen manifestieren können, da für sie der Befehl der Autorität Vorrang vor dem Mitgefühl der erlittenen Schmerzen und den von ihnen vorgebrachten Leidenszuständen hatte. Wenn man sich dieses Experiment nochmals durch den Kopf gehen lässt, dann handelt es sich hier um Kommilitonen und Freunde in der zivilen Welt, die so unerwartet rau und streng handeln konnten. Wie schlimm wird es erst Fremden, Gegnern oder Feinden im Krieg ergehen.

Es scheint kein Geheimnis (mystery) zu sein, dass man bei der Unterwerfung der Soldaten, ähnlich wie das Milgram Experiment dies zeigt, nicht selten von blindem Gehorsam sprechen kann. Pejvack argumentiert „There is no mystery about blind obedience today. We are fed calculated information, just blindly accept the societal cocoon that has built around us" (Pejvack 2020). Daher ist es auch keine Überraschung, wenn nicht nur externe Feinde niedergemetzelt werden, sondern auch gegen eigene Landsleute vorgegangen wird. Der blinde Gehorsam führt zu einer gewissen Abgestumpftheit, wodurch sie ohne Bedenken auf andere schießen können. Das preußische Militär wird oft als anschauliches Beispiel der soldatischen Disziplinierung gesehen, denn wer die preußische Flagge hisste, hatte nicht länger etwas, das ihm selbst gehörte. Dieses militärische Denken beraubte die Soldaten ihrer Eigenständigkeit. Wenn dann den Soldaten nach den Kriegen Verstöße gegen die Menschlichkeit vorgeworfen wurde, dann ist vor Tribunalen immer wieder zu hören, dass sie nur Befehle ausgeführt hätten und diesen wiederum zu gehorchen, ihre höchsten Ziele gewesen seien. Ein anschauliches Beispiel für solch eine soldatische Haltung manifestierte Adolf Eichmann. Er beging millionenfachen Mord an den europäischen Juden und anderen Volksgruppen und begründete seine Taten damit, nur Befehle ausgeführt zu haben. Hannah Arendt (2006), die den Prozess gegen ihn in Jerusalem beobachtet hat, spricht von der Banalität des Bösen („banality of Evil"). Er soll niemals seine Tätigkeiten als Holocaust Organisator reflektiert haben: „Evil comes from thr failure to think" (siehe Arendt 2006, Einleitung). Auch Einstein soll einmal gesagt haben, dass blinder Gehorsam der größte Feind der Wahrheit sei. Totale Gedankenlosigkeit und kein Gewissen sowie kein Gefühl für das, was Menschsein und Menschlichkeit bedeutet, kennzeichnen die Person Eichmann. Aber leider gibt es nach dem Holocaust noch viele Eichmanns weltweit. Nur eines der vielen Beispiele sei hier erwähnt, das My Lai Massaker in einem vietnamesischen Dorf im Jahre 1968. Wie Eichmann die Juden als Unmenschen abwertete, so beurteilte auch der amerikanische Befehlshaber William Calley und seine Companie die Vietnamesen, die so ganz anders waren als die Amerikaner, als nicht menschliche Wesen. Da das Dorf My Lai als Vietcong verdächtig eingestuft wurde, obwohl es anscheinend dort keine Kämpfer gab, sondern nur Zivilisten, Frauen, Kinder und alte Männer, ordnete Calley an, das Dorf zu zerstören. Es stellte sich später heraus, dass kein einziger Schuss auf die Amerikaner abgefeuert wurde. Alle, die nicht mehr fliehen konnten, wurden erschossen und junge Mädchen wurden vor ihrem Tod noch vergewaltigt und danach mutiliert. Schrecklich, wie der Krieg die Banalität des Bösen freisetzen kann und blinder Gehorsam rücksichtslos über Leichen geht. In den Nürnberger Prozessen wurden die Nazi-Kriminellen wegen Verbrechen gegen die Menschlichkeit von den Alliierten entweder zum Tode oder zu lebenslangen Haftstrafen verurteilt, nicht so im My Lai Massaker. Lediglich Calley wurde verurteilt, nicht seine Vollstrecker, doch seine lebenslange Haftstrafe wurde später vom Court of Military Appeals auf 20 Jahre und anschließend vom Secretary of the Army auf 10 Jahre reduziert. Er wurde jedoch bereits nach etwas mehr als 3 Jahren Haft aus dem Gefängnis entlassen. Welch ein Unterschied zwischen den beiden Urteilen: erstens fielen die Strafmaßnahmen im Vergleich zu den Nürnberger Prozessen für den Leutnant Calley viel zu niedrig aus und zweitens sind die Vollstrecker des Befehls Calleys nicht belangt wurden, obwohl sie hunderte der unbewaffneten südvietnamesischen Zivilbevölkerung grauenvoll ermordeten. Die Amerikaner haben bei den Verbrechen der Nazis im Zweiten Weltkrieg und bei den Vergehen ihrer eigen Landsleute in Vietnam mit unterschiedlichen Maßen gemessen.

Eichmanns Gehorsam oder totale Unterwerfung unter einen fremden Willen, nämlich den des Nazi-Regimes, wie auch die sich dem Befehl Calleys unterordneten Soldaten im Vietnamkrieg, kann als Kadavergehorsam bezeichnet werden. Sie erwecken den Eindruck, als ob sie bei ihren Tötungsdelikten willenlose Körper gewesen wären. Es mag seltsam, befremdend und bizarr erscheinen, dass dieser Begriff ursprünglich nicht ein militärischer, sondern ein christlicher war. Er ist auf die Ordenskongregation der katholischen Kirche von 1558 zurückzuführen. Dort heißt es: „Wir wollen uns dessen bewusst sein, dass ein jeder von denen, die im Gehorsam leben, sich von der göttlichen Vorsehung mittels des Oberen führen und leiten lassen muss, als sei er ein toter Körper, der sich wohin auch immer bringen und auf welche Weise auch immer behandeln lässt, oder wie ein Stab eines alten Mannes, der dient, wozu auch immer ihn der benutzen will" (Knauer 1980, S. 547). Blinder Gehorsam des Christen scheint der kulturelle Vorläufer der militärischen Weltanschauung zu sein. Man lässt sich von Gott leiten, in der gleichen Weise wie man sich von Generälen, Offizieren oder Leutnanten leiten lässt – mit der Willenslosigkeit eines Kadavers. In einigen Kulturen mag dieses Phänomen kein Problem sein, doch in einer aufgeklärten Gesellschaft muss solch ein Verhalten auf Kritik stoßen. Der bekannte Philosoph der Aufklärung, Kant, argumentiert daher wie folgt: „Aufklärung ist der Ausgang des Menschen aus seiner selbstverschuldeten Unmündigkeit. Unmündigkeit ist das Unvermögen, sich seines Verstandes ohne Leitung eines anderen zu bedienen. Selbstverschuldet ist diese Unmündigkeit, wenn die Ursache derselben nicht am Mangel des Verstandes, sondern der Entschließung und des Muthes liegt, sich seiner ohne Leitung eines anderen zu bedienen" (Kant 1784, S. 481 f.). Für Kant ist es der aufgeklärte Mensch selbst, der sich aus dem Kadavergehorsam mithilfe des Verstandes und des Mutes befreien muss. Dabei macht es keinen Unterschied aus, ob er Christ oder Soldat ist. Es darf den Vormündern (Pfarrern/Priestern oder Feldwebeln/Offizieren) nicht leicht gemacht werden, den Christen oder den Soldaten zu beherrschen. Nietzsche zufolge hat jeder aufgeklärter freie Mensch „Furcht vor allen fremden Eingriffen“ (Nietzsche 1994, KSA 9, S. 509), Er setzt sich mit allen Befehlen auseinander und entsprechen diese nicht seinen eigenen Wertvorstellungen, wird er Widerstand gegen jegliches Fremde leisten. An anderer Stelle schreibt er: „Den Willen, sich einer Sache zu bemächtigen oder gegen ihre Macht sich zu wehren und sie zurückzustoßen, – das verstehen wir: das wäre eine Interpretation, die wir brauchen könnten“ (ebenda, KSA 12, S. 102–103). In einer westlichen Demokratie muss es möglich sein, nicht nur den Wehrdienst zu verweigern, sondern es müsste einem aktiven Soldaten das Recht gewährt werden, Befehle auf unschuldige Zivilisten zu schießen, die wie dies in der Geschichte der vielen Kriege immer wieder geschah, zu verweigern. Wenn ein Großteil oder vielleicht alle dem Befehl nicht Folge geleistet hätten, wären viele der zivilen Opfer nicht getötet worden. Nur die große Verweigerung aufgeklärter Soldaten kann solch ein Massaker in Zukunft verhindern. In autokratischen Gesellschaften herrschen andere Bedingungen und bei einer Verweigerung von Befehlen könnte ohne weiteres eine Gefängnisstrafe verhängt werden oder der Betreffende könnte sogar zum Tode verurteilt werden.

Die Gefühle des Soldaten und seiner Angehörigen als Gegendiskurs zur militärischen Sichtweise

Es scheint, als ob die traditionelle Bejahung des Krieges, die Glorifizierung des Soldaten als Helden, sowie die Verherrlichung seiner loyalen und tugendhaften Dienste für das Vaterland, Themen des Militärs, der Politik und der sozialen Medien sind, während die Soldaten selbst und ihre Angehörigen den Krieg anders, subjektiv oder lebensweltlich wahrnehmen und verarbeiten. In einer möglichst objektiven Berichterstattung, obwohl diese Zielvorstellung in jedem Krieg zweifelhaft ist, stehen Geländegewinne oder -verluste, Waffeneinsätze und die Zahl der Gefallenen, also das Quantitative oder Objektive, im Vordergrund. Dagegen werden andere Gesichtspunkte des Krieges im subjektiven Gegendiskurs aufgegriffen, nämlich solche, die das Lebensweltliche, die Erfahrungen und Gefühle der Soldaten zu erschließen versuchen (siehe Lamping 2022 und Hamberger 1985). Ebenso werden Fragen, nach dem Warum des

Krieges gestellt, also Fragen danach, warum der Soldat am Krieg teilgenommen hat. Es sind Fragen, welche darauf ausgerichtet sind, die subjektive Welt des Soldaten zu ergründen. Selbst für das Militär ist es wichtig, die Gefühle und Gemütshaltungen der Soldaten zu erforschen, jedoch nicht um mehr Erkenntnisse über die persönliche Verfassung des Rekruten an und für sich in Erfahrung zu bringen, also nicht zum Selbstzweck, sondern vielmehr als Mittel zum Zweck, nämlich Näheres über die Kampfmoral der Soldaten in Erfahrung zu bringen, um dadurch eine effektivere Truppe aufzubauen. Die vom West Point's Modern War Institute durchgeführte Untersuchung über die soldatischen Erfahrungen in Kriegen ergab, dass etwa ein Drittel der 304 Befragten Herzrasen (heartpounding), Furcht (fear) und einen Tunnelblick (tunnel vision) erwähnten. Das Schlimmste war das klopfende und zum Zerspringen hämmernde Herz oder das Gefühl, es stehe vor Schreck still sowie die große Furcht vor Verletzung und Tod, was wiederum den Tunnelblick erklären lässt (siehe Szoldra 2018).

Um die Lebenswelt der Soldaten im Krieg in Erfahrung zu bringen, sind Selbstzeugnisse signifikanter als die in Untersuchungen durchgeführten Befragungen, denn sie geben die subjektiven Eindrücke oder ihre Befindlichkeit wieder. Aus Briefen von der Front, den sogenannten Feldpostbriefen, teilen Soldaten ihre Gefühle, ihre Gemütshaltungen oder ihre Geistesverfassung mit. Viele von ihnen sind im Krieg gefallen und ihre Briefe sind eine letzte Mitteilung an ihre Angehörigen. So schreibt z. B. der 20-jährige deutsche Paul Boelicke über die Schlacht in Verdun gegen Ende des Ersten Weltkrieges: „Verdun, ein furchtbares Wort! Unzählige Menschen, jung und hoffnungsvoll, haben hier ihr Leben lassen müssen, ihre Gebeine verwesen nun irgendwo…Ein Schütteln packt ihn, wenn er seine Blicke rundum schickt. Hier hat der Tod seine Knochensaat ausgesät…Dahin sind alle Träume von Frieden und Heimat, der Mensch wird zum Wurm und sucht sich das tiefste Loch" (Planet Wissen k. D.). Es muss ein furchtbares Erlebnis sein, wenn ein sich mitten im Leben befindender Soldat ständiger Todesgefahr ausgesetzt ist und er keinerlei Kontrolle mehr über sein Leben hat. Er scheint, einem Wurm zu gleichen, der unter der Erde kriecht, um sich zu schützen. René Jacob, ein junger Franzose, ebenfalls in Verdun gefallen, schreibt in seiner Feldpost: „Und auf einmal, als würde einer einen Theatervorhang vor uns lüften, erschien vor uns das Schlachtfeld mit all seinem Grauen, Leichname von Deutschen am Rand der Landstraße. In den Senken und Feldern schwärzliche, grünlich zerfallene Leichname, um die herum unter der Septembersonne Mückenschwärme schwirren … ‚Schlachtfeld' habe ich vorhergesagt. Nein nicht Schlachtfeld, sondern ‚Gemetzelfeld'" (ebenda). Der unmenschliche Krieg wird hier als Gemetzel beschrieben, als ein sinnloses Ab- und Hinschlachten, dem kein Einhalt geboten wird. Dieser Soldat lernt die Schrecken des Krieges in vollem Umfang kennen und wird, nach seinem Schreiben an seine Angehörigen, selbst ein Opfer dieses Gemetzels.

In der Lyrik werden in anschaulicher Weise die Gemütshaltungen der Soldaten erschlossen. So veranschaulicht z, B. Saltatio Mortis in dem Gedicht *Nachts weinen die Soldaten* deren lebensweltliche Stimmungslage:

> „Ein Kreuz im Schnee
> Das Grab eines Soldaten …
> Nachts weinen die Soldaten
> Namenlose Tränen im Gesicht
> Nur noch Nummern, ohne ein Gewicht …
> Von dem Soldaten bleiben nur Gebeine …
> Sag mir warum
> Was zog dich zu dem Schlachten?
> Falsche Treue
> Die Idee vom Vaterland
> Waren es Freunde
> Die dich dazu brachten?" (Mortis 2015).

Der Autor versetzt sich in die Lage des Soldaten und fragt sich, was seine Gemütsverfassung wohl sein würde, wenn er im Schützengraben läge und ständig von der Angst geplagt sein würde, es könnte jederzeit mit ihm zu Ende sein. Zuhause warten wohl seine Frau und Kinder und er hat keine Ahnung, ob er sie je wiedersehen wird. Wenn er dann nach dem täglichen Gefecht ermüdet und erschlafft zu sich selbst kommt, hat er die Augen voll Tränen des Schmerzes. Statt zuhause sieht er sich als eine der vielen Nummern in einem namenlosen Massengrab verfaulen. Sein Ende im Kriege naht. Er fragt sich, warum er eigentlich Soldat geworden ist, etwa des Vaterlandes wegen und aus Treue zum Staat. Was ist mit mir, fragt er sich, zähle ich im Krieg überhaupt nicht als Individuum? C'est la vie!

Kurt Tucholsky hat in seinem Gedicht das Umfeld des Soldaten im Auge. Er visualisiert die Auswirkungen des Krieges auf die Angehörigen und schreibt Folgendes:

> „Mutter wozu hast du deinen aufgezogen?
> Hast du dich zwanzig Jahr mit ihm gequält?
> Wozu ist er in deinen Arm gepflogen
> und du hast ihm leise was erzählt.
> Bis sie ihn dir weggenommen haben.
> Für den Graben, Mutter, für den Graben" (Tucholsky k. D.).

Die Mutter hat den Soldaten großgezogen. Es hat viel Arbeit für sie bedeutet, aber es war eine wunderschöne Zeit, als sie ihrem Sohn Geschichten erzählte und er sich bei ihr einschmeichelte. Sie erwiderte die Liebe und war auch ständig um ihn besorgt. Seine größte Sorge war, als er als Soldat einberufen wurde und nunmehr im Schützengraben kämpfen musste, ob er sie je wiedersehen würde. Die gleiche Gemütshaltung hatte ebenfalls seine Mutter und sie war voller Angst und Sorge um ihn und dachte kontinuierlich an ihn. Diese Geisteshaltungen offenbaren das Unbekannte und Unsichere im Krieg. Kein Soldat und keine Angehörigen wissen, was auf sie zukommen wird. Es sind Zeiten unsäglicher psychischer Schmerzen und Entbehrungen und die Beteiligten können kaum mehr klar denken, denn der Krieg ist ein furchtbares, wütendes Schrecknis.

Literatur

Aristoteles (1981). *Die Nikomachische Ethik*. München.

Baberowski, Jörg (2022). Du sollst töten: Die Normalität des Unmenschlichen. In: *TAZ futur zwei*, Nr. 21, Juni 2022.

Cooper, C. et al. (2018). Transition from the military into civilian Life: An Exploration of cultural Competence. In: *Armed Forces and Society*, 44, 1, S. 156–177.

Demokratie Werkstatt (k. D.). *Was versteht man unter Kultur?* Online: https://www.kulturwerkstatt.at/thema/thema-kunst-und-kultur/was-versteht-man-unter-kultur (abgerufen am 30.09.2022).

Foucault, Michel (1994). *Überwachen und Strafen*. Frankfurt/Main.

Foucault, Michel (2003). *Die Ordnung der Dinge. Eine Archäologie der Humanwissenschaften*. Frankfurt/Main.

Gehlen, Arnold (1093). *Der Mensch, seine Natur und seine Stellung in der Welt*. Frankfurt/Main.

Hamberger, Michael (1885). *Wahrheit und Poesie*. Frankfurt/Main.

Hegel, Georg Wilhelm Friedrich (2010). *Phänomenologie des Geistes*. Köln.

Heidegger, Martin (1986). *Sein und Zeit*. Tübingen.

Hersh, Seymour (1969). Eyewitness Account of My Lai Massacre. In: *Cleveland Plain Dealer* – 20.11.1969.

Hofstede, Geert (2001). *Culture's Consequences*. Thousand Oaks, CA.

Kant, Immanuel (1784). Beantwortung der Frage „Was ist Aufklärung"? In: *Berlinische Monatsschrift*, Heft 4, S. 481–494.

Knauer, Peter (Hrsg.) (1980). *Ignatius von Loyola: Satzungen der Gesellschaft Jesu*. Frankfurt/Main.

Köhler. Benjamin (2011). Das alltägliche Töten und Sterben. In: *Zeit Online* vom 31.05. 2011.

Lamping, Dieter (2022). Kriegsgedichte des 20. Jahrhunderts. In: *Literaturkritik.de*, Nr. 3, März.

McGreal (2010). US Soldiers killed Afghan Civilians for Sport and collected fingers as trophies. In: *The Guardian* – 8.09.2010.

Milgram, Stanley (1961). *Obedience and Authority in Psychology*. Washington.

Mortis, Saltatio (2015). *Nachts weinen die Soldaten*. Online: https://genius.com/saltatio-mortis-nachts-weinen-die-soldaten-lyrics (abgerufen am 2.10.2022)

Nietzsche, Friedrich (1994). *Werke*. Berlin.

Pejvack, Nasreen (2020). Is there a mystery to "blind obedience"? In: *Journey Magazine* – 24.01.2020.

Planet Wissen (k. D.). *Verdun Feldpostbriefe*. Online: https://www.planwissen.de/geschichte/deutsche/deutsche_geschichte/verdun_die_hoelle_des_ersten-weltkriegs/pwiefeldpostbriefe-100.html (abgerufen am 10.01.2023).

Rothacher, Albrecht (1980). *Commentary on the Effects and Noneffects of military Socialization*. Online: https://journals.sagepub.com/doi/pdf/10.1177/ (abgerufen am 30.09.2022).

Szoldra, Paul (2018). *Here's what Soldiers feel and think during Combat*. Online: https://www.businessinsider.com/heres-what=soldiers-feel-and-think-about-combat-2018-5 (abgerufen am 9.01.2023).

Tucholsky, Kurt (k/D.). *4 Gedichte über Krieg: Der Graben*. Online: tttps://www.aphorismen.de/suche?f_rubrik=geschichte&f_thema=Krieg&autor=4254_kurt-tucholsky (abgerufen am 3.10.1922).

TEIL II

FRAGWÜRDIGE VORSTELLUNGEN ÜBER DEN KRIEG

6 Rechtfertigung des Krieges: gerechter Krieg?

Das römische Recht: Ciceros Diskurs des gerechten Krieges

Es gibt Pazifisten, die, wie weiter unten erörtert werden soll, jeglichen Krieg als grausam und unmenschlich ablehnen. Im Gegensatz dazu werden in der Geschichte der Menschheit Diskurse geführt, die zwar den Krieg nicht billigen, doch bestimmte Kriege, wie z. B. Verteidigungskriege, als unvermeidbar und als gerecht interpretieren. Diese thematische und ethische Auseinandersetzung hat ihre Wurzeln bereits im Römischen Reich. Der bekannte Professor für römisches Recht, Prof Pascal Pichonnaz, stellt in seinen diversen Abhandlungen heraus, dass die alten Römer die ersten waren, die eine echte Rechtswissenschaft entwickelten und wie sie das europäische Recht prägten. „Das Recht hat sich natürlich danach weiterentwickelt. Römisches Recht aber blieb Hauptinspirationsquelle auf dem Kontinent" (Swi Interview mit Pichonnaz 2013). Es ist Cicero, der sich in seinen Büchern *Von den Pflichten* (1873) und *Vom Staat* (1828) in rechtlicher Hinsicht mit Fragen des Krieges auseinandersetzte und das Rechtsverständnis in den folgenden Jahrhunderten prägte.

Zunächst geht Cicero auf die für das Kriegsrecht relevante Thematik der Gerechtigkeit und Ungerechtigkeit, eines gerechten und ungerechten Krieges, ein. Er differenziert dieses rechtliche Problem, indem er zwischen den Pflichten der Gerechtigkeit und den Fehlern gegen die Gerechtigkeit unterscheidet. Seine analytischen Gesichtspunkte sind folgende:

„Die Pflichten der Gerechtigkeit sind:
a) Niemandem Schaden zuzufügen,
b) das Eigentum zu achten,
c) sein Wort zu halten.
Die Fehler gegen die Gerechtigkeit – Ungerechtigkeit – sind:
a) Andere beeinträchtigen,
b) das Unrecht nicht abwehren.
Die Quellen der Ungerechtigkeit, welche andere beeinträchtigt, sind:
a) Furcht,
b) Habsucht,
c) Ehrsucht“
(Cicero 1873, erstes Buch, zweite Abhandlung über das Sittliche).

Gerechtigkeit impliziert also nach dem Stoiker Cicero, andere Menschen nicht zu beeinträchtigen und ihnen nicht Schaden zuzufügen. Die Quellen, die Ungerechtigkeit auslösen, sind niederträchtige Triebe, wie Furcht, Habsucht und Ehrgeiz, welche von den Stoikern als Laster bezeichnet werden, die besiegt werden müssen, um die Gerechtigkeit obsiegen zu lassen. Die der Tugend obliegenden, auf Gerechtigkeit ausgerichteten Gegen-Werte wären Genügsamkeit, Mäßigkeit, Uneigennützigkeit, Mut, Freigiebigkeit, Gelassenheit und noch andere Werte der Tugend, die, Cicero zufolge, kriegsvermeidende Wirkungen haben können.

Sollte für einen Krieg gerüstet werden, dann stellen sich nach Cicero entscheidende Fragen über die Rechtsmäßigkeit des Krieges. Er unterscheidet im Diskurs eines gerechten Krieges drei Ebenen: Erstens das Recht, Krieg zu führen, zweitens die rechtlichen Bestimmungen im Kriegsverlauf und drittens die rechtlichen Maßnahmen nach dem Krieg. Zu den rechtlichen Grundlagen, in einen Krieg zu ziehen, schreibt Cicero: „Fremden Staaten gegenüber müssen insbesondere die Rechte des Krieges beachtet werden. Es gibt nämlich zwei Wege einen Streit zu entscheiden, den einen durch Rechtserörterung, den anderen durch Anwendung von Gewalt; jener ist dem Menschen, dieser den Thieren eigen. Zu dem letzteren dürfen wir daher nur dann unsere Zuflucht nehmen, wenn es uns nicht erlaubt ist, den ersteren anzuwenden. Deßhalb müssen zwar Kriege unternommen werden in der Absicht, daß man gesichert vor Unrecht im Frieden leben könne" (Cicero 1873, 1. Buch, 11, 34–35). Cicero geht davon aus, dass viele Konflikte durch Verhandlungen, er bezeichnet sie als Rechtserörterungen, im Vorfeld geklärt werden könnten. Diese Rechtsgespräche sollen dem Zweck dienen, eine Verständigung zwischen den Konfliktparteien herbeizuführen. Diese Möglichkeit, eine Verständigung bei Konflikten zu finden, soll den Menschen vom Tier unterscheiden. Nach dem stoischen Denken tut sich der Mensch gegenüber dem Tier dadurch hervor, dass er die Vernunft, des Menschen höchste Kraft, in seinem Leben walten lässt und diese kontrolliert die niederträchtigen Begierden der Gier, der Machtgeilheit, des übertriebenen Ehrgeizes und der Herrschsucht. Erst dann, wenn Verhandlungen scheitern sollten, darf der Krieg erklärt werden und dann wiederum nur, wenn Unrecht abgewendet werden soll. Verletztes Recht muss wieder hergestellt werden und der dazu notwendige Krieg, als eine Form der Selbstverteidigung, soll eine Bestrafung für das angetane Unrecht sein.

Zweitens soll Im Krieg selbst, das ist eine wesentliche stoische Tugend, stets Maß gehalten werden und die Auseinandersetzungen sollen nicht zur Vernichtung des Gegners führen. Cicero argumentiert: „Aber auch gegen die, von denen man Unrecht erlitten hat, muß man gewisse Pflichten beachten. Denn es findet bei der Wiedervergeltung und Bestrafung des Unrechtes ein Maß statt, und es dürfte vielleicht genügen, wenn der Beleidiger über sein Unrecht Reue empfindet. So wird er selbst für die Zukunft Ähnliches sich nicht erlauben, und Andere werden weniger Lust zu Unrecht verspüren" (ebenda, 1. Buch, X, 33). Die Stoiker warnen vor Grenzüberschreitungen in Kriegen und so betont Epiktet: „Alles, was einmal über das Maß hinaus ist, hat keine Grenzen mehr" (Epiktet 1992, Teil I, S. 38), und ohne Grenzen bricht der Krieg ins Uferlose aus. Bleibt er jedoch begrenzt, dann tritt er nicht als Vernichtungskrieg in Erscheinung und kann bei vernünftigen Verhandlungen jederzeit gestoppt werden, wenn der Gegner allmählich einsieht, dass er Unrecht dem anderen zugefügt hat und er seine Tat bereut. Diese Geisteshaltung würde in Zukunft einen weiteren Krieg verhindern.

Drittens sollen auch Rechte nach dem Krieg gelten, denn „sobald man aber den Sieg errungen hat, muß man für die Erhaltung derer sorgen, welche im Kriege keine Grausamkeit, keine Rohheit ausgeübt haben" (Cicero 1873, XI, 34). Diese Gruppe wäre insbesondere die Zivilbevölkerung, der Hilfe geleistet werden muss und darüber hinaus sollten Vereinbarungen getroffen werden, wie der Wiederaufbau zerstörter Gebiete erreicht werden kann.

Das christliche Recht: Der gerechte Krieg nach Augustinus und Aquin

Die bekanntesten christlichen Autoren des Vor- und Hochmittelalters, Augustinus und Aquin, haben in ihrem christlichen Diskurs des gerechten Krieges die Gedanken des nichtchristlichen, antiken Philosophen Cicero aufgegriffen und sie in einen christlichen Rahmen eingebaut. Bei der Übernahme der stoischen Konzeptionen des gerechten Krieges durch die Kirchenväter bereitet ihnen der pazifistische jesuanische Rahmen keine Schwierigkeiten. Für sie ergibt der Pazifismus Jesu, also die Verneinung jeglicher Gewalt, keinen Widerspruch zu ihrer These eines gerechten Krieges. Wie an anderer Stelle gezeigt wurde, will Jesus die Feinde nicht bekriegen und besiegen, sondern eher auf sie liebevoll zugehen (siehe Bergpredigt). Oder in Matthäus 26,52 warnt er seine Jünger: „Jeder, der zum Schwert greift, soll durch das Schwert umkommen". Jedwede Form des Krieges, selbst wenn es der gerechteste Krieg sein sollte, verstößt gegen den Pazifismus Jesu, wonach jeder Krieg eine Sünde ist. Für Aurelius Augustinus und Thomas von Aquin muss es da, im Gegensatz zu Jesus Christus, Ausnahmen geben. Die Friedfertigkeit Jesu wird in der christlichen Geschichte nunmehr in eine Kriegsfertigkeit transformiert, selbst wenn es nur Ausnahmeerscheinungen sein sollen. Zweifelsohne beschränken die Christen den gerechter Krieg (bellum iustum), indem sie darauf bestehen, dass er nicht aus Eigeninteresse, Gier oder Habsucht, geführt werden darf, sondern nur aus edlen Motiven oder aus rechtbeschaffener Absicht heraus und auch nur dann, wenn friedliche Mittel, wie Verhandlungen, erfolglos blieben. Das Ziel des Krieges ist gegen Unrecht und Ungerechtigkeit vorzugehen (siehe Augustinus 2007 und Aquin 2075). Christen können am Krieg teilnehmen, sie dürfen also töten, um gegen Übel und Übeltäter vorzugehen und sogar gegen Gottes Verbot „Du sollst nicht töten" verstoßen. Die Übeltäter sollen so schnell wie möglich bestraft werden, um den zuvor existierenden Frieden wieder herzustellen. Das Friedensziel soll immer im Blick behalten werden. Wer kann aber voraussagen, wie lange solch ein Krieg dauern wird und ob es je zu einer schnellen Bestrafung kommen kann und ob die nach Gerechtigkeit Strebenden tatsächlich obsiegen werden. Der Widerstand des Gegners mag so heftig sein, dass der Krieg lange währt und der Frieden in weite Ferne rückt und immer mehr Tote zu verzeichnen sind. Man denke nur an den dreißigjährigen Krieg. Die Bösen sollten bestraft werden, doch die katholischen Christen und die protestantischen Christen gaben sich gegenseitig die Schuld und beide waren der Meinung, im Auftrag Gottes zu handeln. Beide Seiten verteidigten den Krieg als einen gerechten oder von beiden Seiten wurden gerechte Ursachen angeführt. Es stellt sich die Frage, ob die von Seiten der Vernunft konstruierte Lehre des gerechten Krieges dazu beitragen kann, Kriege zu minimieren. Es mag eher der Fall sein, dass „selbst oder gerade bei der Anerkennung des bellum iustum-Gedankens jeder Kriegswillige irgendwie versucht, Gründe zu finden, um den beabsichtigten Krieg als gerecht erscheinen zu lassen" (Kastner 1999). Statt den gerechten Krieg nur einer Seite zuzuschreiben, so die Vorstellungen Augustinus' und Aquins, kann er ohne weiteres bei einem vernünftigen Diskurs auch von der Gegenseite gerechtfertigt werden.

Problematisch erscheint auch die Formulierung von Augustinus und Aquin, dass eine legitime Autorität den Krieg anordnen muss, entweder Gott oder der Fürst, der im Auftrage Gottes handeln soll. So schreibt z. B. Thomas von Aquin: „Wenn ein Krieg mit der Autorität des Fürsten, aus gerechtem Grund und mit rechter Intention geführt wird, ist er gerecht und entspricht dem Willen Gottes." (Aquin 2007, Summe der Theologie. II, q 40). Es wird davon ausgegangen, dass der Stadtfürst und der Reichskaiser immer im Auftrag Gottes zum Gemeinwohl handeln. Aber waren diese Obersten tatsächlich göttlich erleuchtet, tugendhaft, offenherzig und wohltuend? Oder waren sie nicht eher macht-, herrsch- und habsüchtig? Folgten sie nicht eher ihren eigenen Interessen als dem Gemeinwohl, denn sie übten Macht über das Volk aus, hatten daran Gefallen und taten alles, was in ihrer Macht stand, um diese zu verteidigen und zu festigen. Baron Acton hatte wahrscheinlich doch Recht, wenn er die These vertrat, dass Macht, welcher Art sie auch sein mag, korrumpiert und dass absolute Macht, auch die ehrlichen, guten und im Auftrag Gottes handelnden Fürsten und Kaiser, absolut korrumpieren könne.

Gegenwärtige Konzeptionen der christlichen Kirchen zum gerechten Krieg

Der Diskurs der katholischen und evangelischen Kirchen beruht zum größten Teil auf dem augustinischen Gedankengut eines gerechten Krieges. Wie er, so sind auch für die gegenwärtigen Kirchen Kriegshandlungen nur dann gerechtfertigt, wenn alle friedlichen Mittel zuvor erschöpft wurden oder sie sich als wirkungslos erwiesen, um den Schaden zu beheben. Krieg sei zwar ein sittliches Übel, könne aber hingenommen werden, um ein schlimmeres Übel zu bekämpfen. er müsse jedoch ethisch tragbare oder vertretbare Ziele haben (siehe Domradio k. D.). Seit Augustin und Aquin wurde im Christentum der Diskurs des gerechten Krieges immer wieder geführt und auf diese Weise das Töten in Ausnahmefällen legitimiert, um Schlimmeres zu verhindern. Jesus würde als radikaler Pazifist diese gegenwärtige christliche Geisteshaltung nicht befürworten, denn sie verstößt gegen seine Gesinnung der Gewaltlosigkeit und gegen seine Friedenslogik.

Kritik an der christlichen Auffassung des gerechten Krieges wird u. a. von Andreas Buro vertreten, wenn er argumentiert: „Die Bedingungen, was denn gerecht sei, wurden nach Bedürfnis weiter verkürzt, so dass aus dem gerechten Krieg ein Recht zum Krieg von oben wurde. Kardinal Meisner, Erzbischof von Köln, soll 1996 bei einem Soldatengottesdienst gesagt haben: ‚In betenden Händen ist die Waffe vor Missbrauch sicher'. Klare Worte gegen alle Geschichtserkenntnisse! Das urchristliche Anliegen der Nächstenliebe und der Friedensstiftung ist über die Ideologie vom gerechten Krieg umgelogen worden zu einer Rechtfertigung von Kriegen, deren Ausmaße sich bis heute ständig und weltbedrohlich gesteigert haben“ (Buro k. D.).

Der Staat und der gerechte Krieg

Was weiter oben über das christliche Denken zum Krieg erörtert wurde, lässt sich auch auf das staatliche Handeln in einer christlichen Kultur übertragen. Es kann dementsprechend gerecht für einen Staat sein, in den Krieg zu ziehen, wenn bestimmte Kriterien erfüllt werden. Es sind zum einen Kriterien des Rechts zum Kriegseintritt (jus ad bellum) und zum anderen die Rechte im Krieg (jus in bello). Im Folgenden soll lediglich auf das erste Kriterium eingegangen werden, wann es rechtens sein soll, einen Krieg zu führen, denn dieser Aspekt ist der entscheidende für den Diskurs eines gerechten Krieges. David Lutz stellt in seiner Ausarbeitung eines zu rechtfertigenden Krieges, den entsprechenden Diskurs kurz und bündig dar: „Erstens muss ein gerechtfertigter Krieg eine rechten Grund haben…Zweitens muss der Krieg von einer legitimen Autorität erklärt werden…Drittens: um gerechtfertigt zu sein, muss eine Entscheidung in den Krieg zu ziehen mit einer rechten Absicht getroffen werden…Viertens darf ein gerechter Krieg nur als das letzte Mittel sein. Alle nicht-militärischen alternativen Mittel müssen ausgeschöpft worden sein … Schließlich muss ein gerechtfertigter Krieg eine vernünftige Hoffnung auf Erfolg sein“ (Lutz 2001). Diese Prinzipien, die zum großen Teil von den römischen und den mittelalterlichen Sichtweisen übernommen wurden, sind sehr vage und zu offen, sodass beinahe alle Handlungen in diesen Rahmen eines gerechten Krieg eingeordnet und als moralisch legitimiert werden können, selbst wenn die Gründe verschleierte Motive der Habsucht sein sollten. So lassen die oben erwähnten Kriterien für gerechte Kriege Tür und Tor offen für Missbrauch. Nach Strassberg wird für „das Narrativ, das den Krieg rechtfertigt, ein Kontext gesucht, in dem er nicht völlig absurd erscheint“ (Strassberg 2022), denn ein plausibler Grund lässt sich meistens finden. Auch der im Februar 2022 ausgebrochene Ukraine Krieg lässt sich nach Putin rechtfertigen, denn die Nato habe Russland umkreist und all die früheren Mitglieder der Sowjetunion seien nun der Nato beigetreten und gefährdeten sein Land und zudem sei die russischstämmige Bevölkerung zu Bürgern zweiter Klassedegradiert worden, deren Sprache verboten wurden und sie sei von den Ukrainern misshandelt wurden (siehe Kraft 2022). Selbst wenn die Gründe hinreichend gewesen sein sollten, stellt sich die Frage, ob es so schwerwiegende Ursachen waren, einen Krieg zu deklarieren oder ob die anstehende Problematik nicht durch Verhandlungen im Vorfeld hätte geklärt werden können.

Außerdem ist es, selbst wenn eine Rechtfertigungsstrategie schlüssig sein sollte, äußerst fragwürdig, Gerechtigkeit mit Waffen herzustellen. Eine seltsame Logik, mithilfe des Tötens moralischere oder menschlichere Situationen herstellen zu wollen. Wirtz et al. kritisieren diese Kriegslogik: „(1) Es besteht eine Diskrepanz zwischen Ziel (Frieden) und Mittel (Krieg); (2) das Tötungstabu wird aufgehoben; (3) Kriege führen immer zu Unrecht und Menschenrechtsverletzungen; (4) Krieg als Mittel der Politik wird moralisch legitimiert; (5) Gefahr des Missbrauchs, u. a. durch das Verschleiern egoistischer Motive und Irreführen der Öffentlichkeit; (6) durch moderne Kriegsführung ist das Prinzip der Verhältnismäßigkeit infrage gestellt: Opfer sind zunehmend Zivilpersonen; (7) unter Berufung auf Gerechten Krieg wurden viele Kriege geführt. Neuere Varianten des Gerechten Kriegs sind ‚humanitäre Intervention' sowie ‚Schutzverantwortung'" (Wirtz (Hrsg.) k. D.). Diese letztere widersprüchliche Thematik, nämlich die sich in der Welt ausweitenden humanitären Kriege, sollen im Folgenden erörtert werden.

Humanitärer Krieg

Die Bundeszentrale für politische Bildung definiert humanitäre Intervention oder einen humanitären Krieg wie folgt: „Eingriff mit militärischen Einheiten in das Hoheitsgebiet eines Staates, der den Schutz von Menschen in einer humanitären Notlage, beispielsweise bei massiven und systematischen Menschenrechtsverletzungen, zum Ziel hat. Mitunter werden humanitäre Interventionen auch mit dem Schutz der Staatsbürger der intervenierenden Länder (humanitäre Rettung) in dem betreffenden Land begründet. Vorausgesetzt wird, dass der betroffene Staat nicht in der Lage oder nicht willens ist, den gefährdeten Menschen und Gruppen selbst Schutz zu gewähren" (BpB. K. D.). Es geht bei der militärischen Operation also immer darum, ob sich die UN, die Nato oder andere Organisationen in die inneren Angelegenheiten souveräner Staaten mithilfe militärischer Interventionen einmischen dürfen, weil dort Menschenrechte verletzt wurden oder ob die Interventionen, die ja kriegerische Auseinandersetzungen mit sich bringen und damit auch zu massenhaften Tötungen führen können, abzulehnen sind. Human Rights bezeichnen diese Widerspruch als ein „moralisches Dilemma der Gewaltausübung" (humanrights.ch/de 2015). Helfen und Töten liegen nahe beieinander. Da die humane Intervention auf einer Gewaltausübung beruht, wird es immer zu Opfern kommen. Sollte jedoch die kriegerische Auseinandersetzung erfolgreich sein, dann könnte das Töten im humanitären Kriege sogar moralische Legitimation erhalten, was jedoch nur selten der Fall ist.

Bei der Anordnung eines humanitären Krieges stellt sich jeweils die Frage, ob gegenwärtig ein Völkermord oder Massenmord stattfindet oder unmittelbar bevorstehen könnte. Selbst wenn diese Tötungsdelikte in der Vergangenheit stattgefunden haben sollten, richtet sich das Interesse, weiträumig zu intervenieren, nicht auf die vergangenen Morde, sondern auf die momentane Situation. Die internationale Menschenrechtsorganisation hat z. B. den Irak daraufhin untersucht. Nachdem keine Massenvernichtungswaffen gefunden wurden, berief sich der damalige Präsident Bush auf das Argument der humanitären Intervention, denn es sollte dort zu Massenmorden gekommen sein. Die internationale Menschenrechtsorganisation kam jedoch zu der für viele Irak-Kritiker überraschenden Aussage, dass „so brutal Saddam Husseins Herrschaft auch gewesen ist, das Töten durch die irakische Regierung erreichte im März 2003 [Jahr der humanitären Intervention] nicht jenes außerordentliche und entsetzliche Ausmaß, das eine humanitäre Intervention rechtfertigt, … Dass keine Massentötungen stattfanden oder unmittelbar drohten, reicht an sich schon aus, um der Invasion im Irak den Charakter einer humanitären Intervention abzusprechen“ (Internationale Menschenrechtsorganisation – Jahresbericht 2004. In: Blätter für deutsche und internationale Politik, 03, 2004).

In Afghanistan, um ein weiteres Beispiel humanitärer Intervention anzuführen, wurde zunächst einmal interveniert, weil die Taliban die Terroristen im Land beherbergten und diese Krieger unkontrolliert terroristische Akte weltweit ausüben konnten. Dieser Strategie der Terrorismus-Bekämpfung wurde danach komplementiert durch die der humanitären Intervention, wobei Nation-Building-zum zentralen Ziel deklariert wurde. Mithilfe von Entwicklungsvorhaben sollte ein neuer Staat mit noch nie dagewesenen und fortschrittlichen Organisationsformen aufgebaut werden, in die auch demokratische rechtstaatliche Strukturen eingebaut werden sollten. Doch ein funktionsfähiger Nationalstaat konnte nicht entwickelt werden.

„Statt Entwicklungsprojekte zu unterstützen, fließt immer mehr Geld in die Kriegsführung. Viele Entwicklungsanstrengungen werden durch Krieg und Gewalt zunichte gemacht. Das gilt auch für Afghanistan. Nach dem Rückzug der westlichen Alliierten liegt die Wirtschaft am Boden und ist von externen

Hilfeleistungen abhängig" (Lukas 2022). Die humanitäre Intervention kostete ungefähr 240.000 Menschen das Leben und darunter waren etwa 70.000 Zivilisten. Man kann das als humanitär bezeichnete Afghanistan Abenteuer des Westen, das als Friedensmission deklariert wurde und in einer Kriegsmission endete, als grundlegendes Scheitern der Großmächte verurteilen und hoffentlich daraus die Erkenntnis gewinnen, dass eine humanitäre Intervention in der Form der Kriegsführung fehlschlagen muss. Was sind die Folgen dieser Intervention? „Nach der Machtübernahme der Taliban wird die Lage für die Zivilbevölkerung immer dramatischer, es gibt eine humanitäre Katastrophe. Die Wirtschaft des Landes ist weitgehend zusammengebrochen, das Bankensystem kollabiert. Angestellten wird kein Einkommen mehr ausgezahlt, viele Afghaninnen und Afghanen haben ihre Jobs verloren und nun kaum noch Geld. Lebensmittelpreise steigen stark, mehr als die Hälfte der Bevölkerung leidet extremen Hunger. Diese Lage wird sich im Laufe der nächsten Monate wohl noch weiter verschlechtern" (Freser 2022). Die Schlussfolgerung kann nur sein, humanitären Kriegsinterventionen kritisch gegenüberzustehen und andere, friedliche Wege zu finden, Menschen in Not zu helfen, was weiter unten aufgegriffen werden soll.

Literatur

AQUIN, THOMAS VON (1975). *Summe der Theologie*. Stuttgart.

AUGUSTINUS, AURELIUS (2007). *Vom Gottesstaat*. München.

Blätter für deutsche und internationale Politik (2004). März, 03.

Bundesverband für politische Bildung (BpB) (k. D.), *Intervention, humanitäre*. Online: https://www.bpb.de/themen/kriege-konflikte/dossier-kriege-konflikte/504282/intervention-humanitaere/ (abgerufen am 1.11.2022).

BURO, ANDREAS (k. D.) *Kriegsrecht gelogen. Die kriegsfördernde Legitimationsideologie vom gerechten Krieg*. Online: https://aixpaix.de/muenchhausen/krieg.html (abgerufen am 10.11.2022).

CICERO, MARCUS TULLIUS (1873). *Von den Pflichten*. Stuttgart.

CICERO, MARCUS TULLIUS (1828). *Vom Staat*. Stuttgart.

Domradio.de (k. D.). *Gerechter Krieg, gerechter Friede.* Online: https://www.domradio.de/glossar/gerechter-krieggerechter-friede?utm_source=google&utm_medium=cpc&utm_campaign=dyn&gclid=EAIaIQobChMI9eT5ko6p-wIVV4xoCR0AowkaEAAYAyAAEgLBb_D_BwE (abgerufen am11.11.2022).

Epiktet (1992). *Handbüchlein der Moral.* Stuttgart.

Freser, Sibylle (2022). Desolate Lage in Afghanistan: „Eine humanitäre Katastrophe". In: *WDR1* vom 15.02,2022 um 6.45 Uhr.

Human rights.ch/de (2015). *Humanitäre Intervention: militärische Interventionen zum Schutz der Menschenrechte.* Online: https://www.humanrights.ch/de/ipf/grundlagen/durchsetzungsmechanismen/uno/sicherheitsrat/humanitaere-interventionen/(abgerufen am14.11.2022).

Kastner, Klaus (1999). Vom gerechten Krieg zur Ächtung des Krieges. In: *Juristische Arbeitsblätter*, 1999, S. 705 ff.

Kraft, Ina (2022). Die russische Rechtfertigung des Krieges gegen die Ukraine. In: *Ukraine Dossier* vom 23.07.2022.

Lukas, Stefan (2002). *Militärische Intervention als Mittel zur Eindämmung und Bearbeitung innerstaatlicher Konflikte.* Online: https://www.bpb.de/themen/kriege-konflikte/dossier-kriege-konflikte/504950/militaerische-interventionen-als-mittel-zur-eindaemmung-und-bearbeitung-innerstaatlicher-konflikte/ (abgerufen am 14.11.2022).

Lutz, David (2001). *Kann es gerechte Kriege geben?* Online: https://www2.klett.de/sixcms/media.php/229/ab_695320_g6m7di_lutz_gerechte_kriege.pdf (abgerufen am 13.11,2022)

Strassmann, Daniel (2020). Die Rechtfertigung des Krieges. In: *Republik* vom 27.03.2020.

Swi Interview mit Pascal Pichonnaz (2013). *Wie die alten Römer das europäische Recht prägten.* Online: https://www.swissinfo.ch/ger/wissen-technik/roemisches-erbe_wie-die-alten-roemer-das-europaeische-recht-praegten/36550324 (abgerufen am 14.11.2022)

Wirtz, Markus Antonius (Hrsg.) (k. D.). Gerechter Krieg. Online: https://dorsch.hogrefe.com/stichwort/gerechter-krieg (abgerufen am 13.11.2022).

7 Frieden und Sicherheit durch mehr Waffen?

Waffen auf nationaler Ebene

Schon die Griechen, wie z. B. Heraklit, bezeichneten den Krieg als Vater aller Dinge und die Christen, wie z. B. Martin Luther, vertraten die Meinung, dass ein Krieg sogar Sache Gottes sei, um die Bösen zu bestrafen und die Guten zu schützen (siehe Luther1967). In dieser dualistischen Denkweise, in welcher auch die Sprache gezielt dazu beisteuert, Feindbilder zu schaffen, baut der Krieg auf einer vergegensätzlichten Vorstellung von Gut und Böse auf. Aufrüstung soll dabei die notwendigen Mittel bereitstellen, um sich für die Guten sowohl im In- wie auch im Ausland stark zu machen. Ein Paradebeispiel dieses Denkens manifestiert sich in der Weltmacht USA, die sich aufgrund dieser Mentalität zu einer Waffen-Nation entwickelt hat, in welcher der Waffenbesitz ein unverbrämtes Recht eines jeden Bürgers ist. Dieses Recht auf Waffenbesitz (Second Amendment to the United States Constitution) soll zur Sicherheit und zum Frieden im Innern und nach außen hin beitragen (siehe dazu Pitzke 2010). Der Schauspieler Brad Pitt hat es auf den Punkt gebracht, wenn er die USA als das Land bezeichnet, das auf Waffen gegründet ist und dieses Phänomen von ihm als deren DNA konzipiert wird (Pitt in: Winchester 2016). Die amerikanische Kultur kann als eine Waffenkultur gesehen werden, die über die Jagd und den Schießsport hinaus Waffen zum persönlichen Schutz vorsieht. Man vertraut in diesem christlichen Lande, in dem die Bürger/innen eigentlich auf Gottes Schutz vertrauen sollten (In God we trust) mehr auf die vorhandenen Waffen als auf eine höhere Macht. Im Vergleich zu den USA herrschen in anderen christlichen, demokratischen und industriellen Staaten, wie in Deutschland, Finnland oder auch in Neuseeland sehr eingeschränkte Waffenbesitze vor, mit der Folge von weitaus geringeren Gewalttaten. Im Gegensatz zu den USA verbietet China seinen Bürgern, Schusswaffen zu besitzen. Da jedoch der Internet-Handel lange Zeit blühte, zerschlägt die chinesische Führung den Waffenhändlerring mit all den ihr zur Verfügung stehenden Mitteln. Verdächtige Personen werden festgenommen und Gewehre sowie Pistolen beschlagnahmt (siehe Erling 2012).

Ein Blick in die amerikanische Realität genügt, um nachzuweisen, wie sehr das Argument, dass Waffen mehr Sicherheit bewirken und kriegerische Auseinandersetzungen vermeiden sollen, hinkt. Ein Forschungsprojekt des FBI zeigt, wie realitätsfern dieses amerikanische Denken ist (Scheuble 2022). Mit mehr Waffen werden nicht weniger, sondern mehr Menschen getötet. Die Schlussfolgerung der wissenschaftlichen Untersuchungen sind folgende: „Guns don'make society safer…firearms make society more dangerous“ (Hemenway 2015). Jeden Tag werden mehr als hundert Menschen durch Waffengewalt in den USA getötet oder sie benutzen sogar nicht selten eine Waffe, um sich selbst zu töten. Nach Himmelrath gilt Folgendes: „Wo Waffen zum Alltag gehören, ist die Hemmschwelle für ihren Einsatz niedriger“ (Himmelrath in Deutschlandfunk Nova 2022). Da alle Bürger/innen in den USA, mit Ausnahme von Geisteskranken, Kriminellen und Individuen unter 21 Jahren (vor dem neuen Gesetz waren es 18 Jahre) Waffen erwerben können und bei dem Kauf nicht zwischen Guten und Bösen unterschieden werden kann, denn es erfolgt keinerlei Überprüfung ihres Verhaltens und ihrer Absichten, werden zunehmend Konflikte, statt durch Verstand , wie dies in einer aufgeklärten Gesellschaft der Fall sein sollte, mithilfe des Gebrauchs von Waffen gelöst, seien es Auseinandersetzungen in der Familie, im Verkehr, im Supermarkt, am Arbeitsplatz, in Schulen, Universitäten und an vielen anderen Plätzen.

Ungeheures Aufsehen haben in den letzten Jahren die vielen Schulmassaker in den USA erregt. Sie sind zumeist auf ungelöste Konflikte zwischen Schule und Schüler zurückzuführen. So wird z. B. ein Schüler wegen nicht akzeptablem Verhalten aus der Schule verwiesen und er rächt sich nicht nur an der Verwaltung oder dem zuständigen Lehrer, sondern an der ganzen Schule, indem er auf alle die sich in seiner Nähe befinden, seien es Schüler/innen, Lehrer/innen oder Verwaltungsangestellte schießt. Ein schreckliches Massaker ist die Folge. Die logische Schlussfolgerung wäre, den Waffenbesitz einzuschränken, doch Amerika denkt anders. Das den Menschen Waffenbesitz erlaubende zweite

Amendment darf nicht angetastet werden. Unter solchen Bedingungen kann es, so die National Rifle Association (NRA), nur darum gehen, mehr gute Menschen zu bewaffnen, um die bewaffneten Bösen zu stoppen. Lehrer/innen und das Personal in der Verwaltung sollen Waffen kaufen und lernen, wie sie damit umgehen. Mehr Waffen in den richtigen Händen, so die Logik der NRA, könnten Massaker abwenden. Es stellt sich jedoch die Frage, ob ein Schüler, der mit einer semiautomatischen Waffe in ein Klassenzimmer eindringt, so schnell von den bewaffneten Guten gestoppt werden kann. Die Wirklichkeit zeigt, dass man sich gar nicht so schnell auf den Täter einstellen kann, denn der Bösewicht ist den anderen aufgrund des Moments des unerwarteten, überraschenden und hinterhältigen Angriffs immer einen Schritt voraus.

Waffen auf internationaler Ebene

Auf der nationalen Ebene scheint es, wie zuvor festgehalten, illusorisch zu sein, die Auffassung zu vertreten, dass mehr Waffen Sicherheit und Frieden im Lande schaffen könnten. Genauso illusorisch sieht es auf der internationalen Ebene aus, denn die falsche Einschätzung, die Waffen auf nationale und zwischenstaatliche Konflikte haben können, kann möglicherweise zu schlimmen Folgen führen, wie Joachim Giessmann argumentiert: „This lack of restrictions on the possession of weapons on a small scale could prove to be a warning sign fort he lack of arms control on a large scale" (Giessmann 2019). Es ist schon auf nationaler Ebene kaum vorauszusagen, was mit den vielen Waffen passiert, die tagtäglich gekauft werden und wo und wann sie für Attacken eingesetzt werden, und auf der internationalen Ebene ist es noch verheerender, wenn mehr Waffen in zu viele Länder und dann noch in die falschen Hände gelangen. Waffen verfehlen zumeist das Ziel der Friedenssicherung, sondern tragen im Gegenteil eher dazu bei, Staaten aggressiver und repressiver gegenüber der eigenen Bevölkerung zu machen. Häufig führen die Waffenlieferungen zu instabilen Zuständen in Krisenländern in Afrika, Asiens und Lateinamerikas.

Die größten Waffenlieferanten, wie die USA, Russland, China, Frankreich, Deutschland verdienen sehr viel Geld mit der Waffenproduktion und schaffen damit eine große Anzahl von Arbeitsplätzen. Während eines Krieges, und das zeigt der Ukraine Krieg, schnellen die Profite der Waffenfirmen in die Höhe (siehe z. B. die rasante, teilweise Verdoppelung der Gewinne der Rüstungsfirmen Rheinmetall in Deutschland oder Lockheed Martin in den USA). Schon Eisenhower hat in seiner Farewell Rede 1961 vor dem militaristischen Denken in der Welt gewarnt. Das damalige Auf- und Wettrüsten bezeichnete er zwar als ein notwendiges Übel, doch wandte er sich mit aller Vehemenz gegen den „military industrial complex", gegen einen gigantischen Militärausbau, bei welchem ein symbiotisches Verhältnis zwischen dem Militär, der Wirtschaft und der Politik eingegangen wird.

Es ist erschütternd, wenn man einen Blick auf die gegenwärtigen Militärausgaben der drei Großmächte wirft. Horrende Summen werden für Waffen aller Art ausgegeben. Die Großmacht USA verzeichnete im Jahre 2022 Ausgaben von 770 Milliarden Dollar für das Militär, gefolgt von China mit 230 und Russland mit 154 Milliarden Dollar (siehe Comparison of Russia and United States military strength 2022 and Comparison of China and the United States miltary strength 2022). Auch Deutschland hat 2022 in einer Abstimmung im Bundestag den Militärhaushalt mithilfe einer Sonderaktion um 100 Milliarden Euro erhöht, um Defizite in den einzelnen Militärbereichen auszugleichen. Es ist die Politik der Angst um ihre Sicherheit, die die Nationen zum eigenen Schutz dazu drängt, mehr und mehr Gelder für Rüstung, statt für andere Lebensgüter, wie Gesundheit, Soziales, Erziehung, etc. auszugeben. Der Feind ist zum Teil eine unbekannte Größe mit wenig Transparenz, sodass die Nationen immer darauf bedacht sein müssen, neuere Vernichtungswaffen zu produzieren, um den Gegner zu besiegen. Doch die andere Großmacht will das nicht hinnehmen und arbeitet wiederum selbst an der Produktion noch schlagfertigerer Waffen. Dadurch soll der Angst entgegengewirkt werden. Ob dies tatsächlich der Fall ist, muss bezweifelt werden, denn solange es Feindbilder gibt, wird das Angst abbauende Vertrauen auf einem Tiefpunkt verharren. So wird wahrscheinlich Angst, Heidegger zufolge, eine Grundstimmung eines in dieser Welt lebenden Menschen bleiben (Heidegger 1986, Teil I, Kapitel VI). In der christlichen Perspektive teilt Jesus seinen Jüngern mit: „In der Welt habt ihr Angst", aber er geht einen Schritt weiter und spricht davon, dass diese Welt mit ihren Denk- und Verhaltensmustern überwunden werden kann und muss. Die Menschen müssen die Feindbilder aufgeben und, wie in der Bergpredigt (Matthäus 5), Feinde zu Freunden machen. Mit diesem Schritt würde der Mensch diese unzulängliche Welt überwinden und eine neue Welt mit einem Hoffnungsfunken hervorbringen. Kreative Geister könnten Wege finden, mit weniger Waffen auszukommen. Nietzsche spricht von der „Verwandlungskraft" der Menschen (Nietzsche 1994, KSA 11, S. 556), die sich von dem gegenwärtigen Wettrüsten befreien und Brüche in der gegenwärtigen Welt herbeizuführen könnten. Das Schöpferische im Menschen könnte Wege finden, das gegenseitige Misstrauen abzubauen und eine neue Zwischenmenschlichkeit mit einem neuen Gemeinschaftsgefühl aufzubauen, statt am gegenwärtigen Feindbild festzuhalten, mit der Folge, dass hunderte von Milliarden Dollars für Waffen ausgegeben werden, ohne die Welt sicherer zu machen.

Waffenlieferungen in die dritte Welt

In dem militärisch industriellen Komplex der Großmächte werden unermesslich viele Waffen aller Art produziert, was große Profite für die Konzerne einfährt und gleichzeitig soll mit Waffen Einfluss nicht nur im eigenen Land, sondern auch in anderen Ländern, die nicht so militärisch entwickelt sind, genommen werden. Mithilfe der Waffenlieferungen sollen nicht nur Gewinne erzielt werden, sondern zudem gewisse freundliche Regierungen unterstützt werden, damit sie an der Macht bleiben. Waffenlieferungen dienen als Mittel, solche Vorhaben zu realisieren.

Bevor auf den größten Waffenlieferanten, die USA, eingegangen wird, sollen zunächst kurz deren zwei Konkurrenten China und Russland in ihren Waffen-Strategien beschrieben werden. China zeigt sehr deutlich, wie die Entwicklung wirtschaftlicher Beziehungen zu Ländern der Dritten Welt (siehe das bekannte Seidenstraßen-Projekt) zu einem steigenden Handelsvolumen und zum Ausbau der Infrastruktur beitragen kann. Mithilfe von Waffenlieferungen werden diese Seidenstraßen-Projekte militärisch abgesichert (siehe Erling 2918). Auf diese Weise kolonisiert China z. B. Afrika und trägt zur Entwicklung des vielfach unterentwickelten Kontinents bei. Es spielt in diesem kontextuellen Denken für China keine Rolle, ob die Staaten demokratisch oder autoritär sind. Die Waffenlieferungen zielen darauf ab, die jeweils zu unterstützenden Regierungen an der Macht zu halten. Eine kluge Strategie, doch Oppositionen haben dann wenig Möglichkeiten, soziale und politische Veränderungen herbeizuführen, weil oft mit Waffengewalt gegen die Opposition vorgegangen wird.

Für Russland, einem weiteren großen Waffenlieferanten in die dritte Welt, ist der Waffenexport ebenfalls ein zentrales Mittel der Außen- und Sicherheitspolitik geworden (siehe Wikipedia 2022) und es hat wenig Interesse daran, wohin die Waffen exportiert werden. Hauptsache ist, sie bringen Gewinn ein und lösen russlandfreundliche Reaktionen in den diversen Staaten aus, seien es lateinamerikanische, afrikanische, asiatisch-pazifische Staaten oder Indien. Auch hier ist zu bedenken, dass Waffen berechtigte Widerstände im Keim ersticken können.

Was die Supermacht USA anbetrifft, sind Waffenexporte an die Dritte Welt schon seit Jahrzehnten gang und gebe. Die vielen Rüstungskonzerne sind darüber erfreut, denn sie werfen hohe Gewinne ab. Insbesondere tragen Kriege zu horrenden Profiten bei, was der Ukraine Krieg deutlich macht. Die Rüstungsfirmen leben vom Krieg, wie die Ärzte von der Krankheit leben. Die Waffenexporte an die konfliktbeladenen, instabilen Drittwelt-Länder tragen dazu bei, dass mehr kriegerische Auseinandersetzungen um sich greifen. Schon für Obama war es kein großes Problem, Waffen in die Länder der Dritten Welt zu liefern, für seinen Nachfolger Trump war es überhaupt kein Problem, sondern eher eine gute, gewinnbringende Sache. „Donald Trump lässt die Welt unmissverständlich wissen, dass ihm der Abschluss solcher Waffengeschäfte wichtiger ist als die Frage, wer die Waffen gegen wen einsetzt" (Hartung 2020). Durch die Waffenlieferungen der USA an die Saudis und die Vereinigten Arabischen Emirate, die bei Luftangriffen im Jemen eingesetzt wurden, kamen tausende von Zivilisten ums Leben (siehe ebenda). Darf es sein, dass die Waffenlieferanten einfach die Augen vor der humanitären Katastrophe verschließen und nichts damit zu tun haben wollen. Kwuelum und Obasanjo argumentieren in ihrem Aufsatz in FP News vom 18. August 2022, dass die Waffenlieferungen der USA an Nigeria, um nur ein Beispiel zu nennen, zur weiteren Gewalttätigkeiten in diesem Land beigetragen haben. Die Waffen wurden gegen regierungskritische Rebellen eingesetzt, die sich gegen die miserablen Zustände in einigen Regionen des Landes zur Wehr setzten. „It is imperative that the US-Nigeria security cooperation address the root causes of violence in Nigerian communities“. Ihre Schlussfolgerung ist: „The US should support nonviolent Peacebuilding Programs“ (Kwuelum und Obasanjo 2022), also Frieden ohne Waffen schaffen, statt Konflikte durch Waffenlieferungen lösen zu wollen.

Plädoyers für Waffenstopps in Krisengebiete

Die meisten Waffenexporte verzeichnen die USA (ungefähr 40%), gefolgt von Russland (ungefähr die Hälfte der Waffenexporte der USA), Frankreich, China und Deutschland. In dem von Erickson verfassten und sehr bekannt gewordenen Buch *On the Front Lines: Conflict Zones and US Arms* (2022) kritisiert sie die amerikanische Strategie der Waffenexporte, die oft ohne „Congessional oversight“ erfolgt, was der Exekutive die Macht gewährt, die Waffenlieferungen auch in Krisengebiete ohne größere Beschränkungen (few real restrictions) vorzunehmen. Konflikte oder Krisen in bestimmten Regionen der Welt sollen, so Erickson, vielfach keine Hindernisse sein, Waffen zu liefern. Wenn man jedoch auf die Besonderheit eines Krisengebietes einzugehen versucht, erkennt man die Gefahr von Waffenlieferungen in diese Region. Nach der Oxford Language Definition wird ein Krisengebiet wie folgt definiert: „Ein Gebiet, das sich in einer politischen, auch wirtschaftlichen Krise befindet. Indem es leicht zu politischen Krisen, zu kriegerischen Auseinandersetzungen kommen kann“. Auch bei Thesaurus wird eine Krisenregion ähnlich definiert: „Eine für politische und/oder wirtschaftliche Krisen auffällige instabile Region, in der es jederzeit leicht zu gewalttätigen kriegerischen Auseinandersetzungen kommen kann“. In einem Krisen- oder Konfliktgebiet können also zu bestimmten Zeiten schwierige Lebensumstände vorherrschen, die nicht angemessen bewältigt werden können. Waffenlieferungen in diese Konfliktregionen würden die problematische Situation nicht verbessern, sondern die Entwicklung des Landes eher gefährlicher gestalten. In vielen Petitionen (siehe z. B. Open Petition an den Bundestag 2018) wird daher ein Stopp der Waffenlieferungen gefordert und auf gewaltfreie und nachhaltige Konfliktlösungen in Krisengebieten gedrängt, denn Waffenlieferungen an ein Krisenland befeuern Konflikte und mögliche Kriege, statt auf eine Befriedung der Krisenregion hinzuwirken (Demirel 2022).

Die Aktion Aufschrei startete eine Kampagne gegen die zahlreichen Rüstungsexporte, indem sie deutlich machte, wie sie die Welt unsicherer machen und keine inner- oder zwischenstaatlichen Konflikte zu lösen vermögen, sondern eher Gewalt, Unterdrückung ermöglichen, was wiederum Vertreibung und Fluchtbewegungen auslösen kann. Außerdem können sie in falsche Hände geraten, mit der Folge, dass das exportierende Land selbst darunter leiden könnte (Ohne Rüstung leben k. D.).

Sicherheit durch mehr Waffen zu schaffen, ist illusorisch

Nach dem Ausbruch des Ukraine Krieges haben die USA, die Europäer und andere Länder zusehends mehr Geld in diverse Waffensysteme investiert, um durch mehr Rüstungsausgaben Freiheit und Demokratie zu sichern. Milliarden von Dollars und Euros wurden der Ukraine an Waffenlieferungen zur Verfügung gestellt, um sich gegen Russland verteidigen zu können, denn alle Unterstützerstaaten waren der Meinung, dass die Ukraine mit Waffenüberlegenheit gegenüber Russland siegen könnte. In dieser Weise argumentiert der Vorsitzende des Europa Ausschusses im Deutschen Bundestag Anton Hofreiter: „Je mehr Waffen wir liefern, desto schneller endet der Konflikt" (2022). Dabei ist zu bedenken, dass Hofreiter der Grünen Partei angehört, die früher pazifistisch ausgerichtet war und immer noch von sich behauptet, eine Friedenspartei zu sein. Es ist illusorisch zu denken, dass mithilfe von Waffen Frieden geschaffen werden kann, sondern dieser kann nur mit diplomatischen Mitteln erreicht werden, wie es Margot Käßmann verdeutlicht: „Natürlich sei nachvollziehbar, dass sich ein Angegriffener verteidigen wolle. Die Deutschen sollten aber überlegen, was ihre Stärke in diesem Konflikt sein könne: Es sei zu fragen, ob sie nicht diejenigen sein könnten, die die Diplomatie massiv stärken sollten" (2022).

Da die Rüstungsfirmen durch Waffenlieferungen viel Geld verdienen, ist es selbstverständlich, dass sie der Meinung sind, mehr Waffen könnten Siege herbeiführen und da sie große Bedeutung für die auf Sicherheit bedachten Länder haben, stilisieren sie sich selbst zu einem Produzenten hoch, der einen positiven Beitrag zur sozialen Nachhaltigkeit liefert, denn der Beitrag der Waffenhersteller diene, wie Analysten der Investmentbank Citi behaupten, der Verteidigung der Werte liberaler Demokratien und zur Abschreckung, wodurch Frieden und die globale Sicherheit gewahrt blieben (siehe Pladson 2022). Doch das Gegenteil ist der Fall: Rüstung ist nicht sozial nachhaltig, sondern mit ihrer zerstörerischen Kraft eher sozial- und umweltschädlich. „Die innere Logik des Betrugs und Selbstbetrugs eines Friedens durch Abschreckung ist eine Eskalation in den Abgrund" (Rote Fahne News 2022).

Literatur

Comparison of Russia and United States military Strength. Online: https://www.globalfirepower.com/countries-comparison-detail.php? (abgerufen am 22.09.2022).

Demirel, Özlem A. (2022). *Waffen schaffen keine Frieden – zivile Häfen jetzt!* Online: https://www.dielinke-europa.eu/de/article/13351.waffen-schaffen-keinen-frieden-zivile-h%C3%A4fen-jetzt.html (abgerufen am 24.09.2022).

Deutschlandfunk Nova (2022). *NRA-Meeting in Texas: Warum mehr Waffen nicht mehr Sicherheit bedeuten.* 30. Mali 2022.

Erickson, Jennifer (2022). *On the Front Lines: Conflict Zones and US Arms Export.* Middlesex, MA.

Erling, Johnny (2012). China zerschlägt Internet-Waffenhändlerring. In: *Welt* vom 19.10.2012.

Erling, Johnny (2018). Chinas Waffen für Afrika. In: *Welt* vom 31.07.2018.

Giessmann, Joachim (2019). More Weapons = more security? In: *Berghof Foundation* – 13. 08.2019.

Hatrung, William D. (2020). Waffen für die Welt. In: *Le Monde diplomatique* – 12.03.2020.

Hemenway, David (2015). *Scientists agree: Guns don't make society safer.* Online: https://www.hsph.harvard.edu/news/hsph-in-the-news/scientists-agree-guns-don't-make-society-safer/ (abgerufen am 25.09.2022).

Heidegger, Martin (1986). *Sein und Zeit.* Tübingen.

Hofreiter, Anton (2022). NTV – Frühstart. In *NTV* vom 26.08.2022, 11 Uhr.

Käßmann, Margot (2022). Lieber „Diplomatie stärken". In: *Domradio* vom 2.07.2022.

Kwuelum, Charles und Obasanjo, Olusegun (2022). More Weapons won't solve Nigerian Security Crisis. In: *FP News* – 18.08.2022.

Luther, Martin (1967). *Der Christ in der Welt.* Stuttgart.

Ohne Rüstung leben (k. D.). *Rüstungsexporte stoppen. Warum wir gegen den Waffenhandel sind.* Online: https://www.ohne-ruestung-leben.de/ziele/ruestungsexporte-stoppen.html (abgerufen am 24.09.2022).

Open Petition an den Bundestag (2018). *Stopp der Waffenlieferungen an Krisengebiete und Förderung gewaltfreier Konfliktbearbeitung.* Online: https://www.openpetition.de/petition/online/stopp-der-waffenlieferungen-an-krisengebiete-und-foerderung-gewaltfreier-konflktbearbeitung (abgerufen am 23.09.2022).

Pitzke, Marc (2010). Grundrecht auf Wildwest Verteidigung. In: *Spiegel Ausland* vom 28.06.2010.

Pladson, Kristie (2022). Rüstungsfirmen: wir sind auch nachhaltig. In: *Deutsche Welle* vom 25.03.2022.

Rote Fahne News (2022). *Rüstung jetzt nachhaltig?* Online: https://www.rf-news.de/2022/kw15/ruestung-jrtzt-nachhaltig (abgerufen am 20.12.2022).

Scheuble, Leonie (2022). Shootings in den USA: Mehr Waffen, mehr Sicherheit. In: *Stern* vom 23.06.2022.

Wikipedia (2022). *Russischer Waffenexport* – vom 14.09.2022.

Winchester, Donald (2016). Sicherheit durch Waffen. In: *Vision* – Herbst 2016.

8 Krieg bringt Fortschritt: absurd oder real?

Heraklit: Der Krieg Vater aller Dinge

Der vorsokratische Philosoph Heraklit postuliert die Welt als einen stetigen Wechsel oder als eine ständige Veränderung von einem Zustand in einen anderen. Da sich alles in Bewegung befindet, sollen wir auch nicht in der Lage sein, zweimal in den gleichen Fluss zu steigen. Das Sein soll ein Prozess und ein Streit der Gegensätze sein, die gegeneinander kämpfen, wie die Nacht gegen den Tag, das Leben gegen den Tod, das Helle gegen das Dunkle, das Gute gegen das Böse, das Gerechte gegen das Ungerechte und umgekehrt. Dem gleichen Prinzip unterliegen auch der Krieg und der Frieden. Seine wohl bekannteste, aber auch leicht missverständliche Aussage lautet wie folgt: „Der Krieg ist der Vater aller Dinge und König aller. Die einen macht er zu Göttern, die anderen zu Menschen, die einen zu Sklaven, die anderen zu Freien" (siehe Heraklit Fragmente 2007 und Die Vorsokratiker 1987, S. 231 ff). Wenn der Krieg der Vater aller Dinge sein soll, ist dann der Friede die Mutter aller Dinge? Das sagt Heraklit zwar nicht, aber man könnte das implizieren. Auf jeden Fall ringen, so seine These, die Polaritäten Krieg und Frieden miteinander, einmal verschärfen sie sich und ein anderes Mal entschärfen sie sich.

Die Frage, die Heraklit aufwirft ist die, ob der Krieg in der Tat, wie der Vater eine zeugende Kraft hat und Dinge hervorbringt, die durch den Frieden nicht hervorgebracht worden wären. Viele Menschen, die den schrecklichen Krieg erlebten, bemühen sich zum einen darum, herauszufinden, warum es überhaupt zum Kriege kam und zum anderen wollen sie dem unmenschlichen und barbarischen Krieg etwas Positives abgewinnen, denn wenn man der Meinung verhaftet ist, dass nichts auf dieser Erde, auch das Schlimmste nicht umsonst sein kann, versuchen sie, dem Krieg eine Bedeutung zuzuschreiben und in ihm einen Sinn zu finden. So schreibt z. B. Karl von Rotte, ein deutscher Frühliberaler, in Anlehnung an Heraklit, dass der Krieg positiv zu bewerten ist, weil er durch seine Bewegungskraft und Dynamik Veränderungen hervorbringen kann. „Der Krieg ruft alle menschlichen Kräfte zur Thätigkeit auf, setzt alle Leidenschaften in Bewegung und eröffnet allen Tugenden wie allen Talenten die weiteste Sphäre der Ausübung. Ohne Krieg, d. h. eingewiegt in allzu langen Frieden, würden die Völker erlahmen, in Feigheit, Knechtssinn und schnöden Sinnengenuß versinken, so wie das stehende Wasser faul wird […]. Jedenfalls ist der Kriegsmuth die unentbehrlichste Schutzwehr für Freiheit und Recht, und die Kriegskunst das Product wie das Bollwerk der Civilisation" (von Rotter 1840 in Langewiesche 2019, S. 16). Es stellt sich hier die Frage, ob ein langer Frieden in der Tat zu einer kulturellen Ermüdung führen würde oder ob nicht doch, wie die Nachkriegszeit von 1945, nämlich eine längere Friedenszeit in Deutschland und anderen europäischen Ländern, erkennen lässt, fortschrittliche Veränderungen zu verzeichnen gewesen sind, für Freiheit und Recht gekämpft wurde und die Menschen oft unbezähmbaren Mutes waren. Stellt diese Entwicklung nicht die Konzeption von Rotters in Frage?

Im Großen und Ganzen gibt es zwei antithetische Auffassungen zum Krieg. Die eine, oben dargelegte, von Rotten vertretene These ist die, Gewinne vom Krieg in vielfältiger Weise zu erhoffen oder mit fortschritts- und kulturfördernden Ergebnissen zu rechnen. Dieser Gedanke soll in diesem Kapitel der Arbeit näher untersucht werden. Im Gegensatz dazu ist die andere These die, den Krieg als grausamen Lehrmeister und Warnzeichen einzustufen, mit der Perspektive, Kriege in Zukunft zu vermeiden und auf eine Friedenskultur hinzuarbeiten, was im dritten Teil erörtert werden soll.

Tragen Kriege zum technischen Fortschritt bei?

Jedem Menschen wird klar vor Augen geführt, welch verheerenden Wirkungen und welch ein Vernichtungspotenzial jeder Krieg haben kann. (siehe dazu Kapitel I) Die Bilder des Krieges spiegeln dessen Bestialität wider. Kein Mensch wird das abstreiten, selbst wenn er den Krieg auch anderweitig sehen sollte. So argumentiert z. B. Christa Schyboll, dass der Krieg zu überraschendem

Fortschritt führen kann: „Der Krieg ist aber auch die Geschichte vom stetigen Wechsel und der Bewegung zwischen den Völkern und Nationen, der die alten Verhältnisse immer wieder anders formt. Kriege fordern nicht nur Elend, Not und Tote, sondern Kriege haben zu allen Zeiten auch schon immer zum technischen Fortschritt der Menschen beigetragen – wie zweifelhaft dabei auch das ursprüngliche Ansinnen war, das diesen Fortschritt zeitigte. Insofern trägt der Krieg in vielfacher Weise zu verschiedenen Entwicklungen und Veränderungen innerhalb der Menschheitsgeschichte bei, mögen die Gründe für den Ausbruch dabei hehrer oder niederer Art sein" (Schyboll k. D.).

Ein ähnliches Denken entwickelt auch Ian Morris in seinem Buch *Macht der Krieg Sinn?* Für ihn ist, seinen Recherchen zufolge, der Krieg ein Entwicklungsmotor. Zwar zeigen Kriege, wie sie von Menschen wahrgenommen werden, die Hölle auf Erden, doch das ist nur das Offensichtliche, doch im Kriege selbst steckt ein großes Entwicklungspotenzial. Die Folgeerscheinungen des Krieges waren sehr häufig wirtschaftliches Wachstum und ein steigender Lebensstandard (siehe Morris 2013).

Wie der Krieg den technischen Fortschritt voranbringt, zeigt auch Mark Zimmer am Beispiel der Innovationen im Ersten Weltkrieg, wie z. B. Giftgas, Flammenwerfer, Panzer: „Der Erste Weltkrieg beförderte so manche todbringende Erfindung. Doch Neuerungen gab es nicht nur für den Kampf, sondern auch im zivilen Bereich. Viele werden noch heute verwendet" (Zimmer 2014), wie z. B. Reißverschluss. Blutbank, Funkverkehr, Armbanduhr u. a.

Der Technikhistoriker Helmut Trischler sieht zwar auch am Beispiel des Ersten Weltkrieges die revolutionäre Technisierung des Krieges, doch relativiert er den durch den Krieg erzielten Fortschritt, wenn er vermerkt: „Fungierte der Erste Weltkrieg als Innovationsmotor oder bremste er den technischen Fortschritt ab? Beides ist richtig. Die Konzentration der kriegführenden Nationen auf den Krieg brachte auf einer Reihe von militärisch relevanten Gebieten zahlreiche Basisinnovationen und inkrementelle Neuerungen hervor. Zugleich verengten sich aber die Technikpfade, und viele Innovationen wurden verschüttet oder kamen erst mit Verzögerung zur Entfaltung" (Trischler 2022).

Philipp Blom stellt in seinen Büchern *Die zerrissenen Jahre* (2016) und *Der taumelnde Kontinent* (2009) im Gegensatz zu der These, dass Kriege Fortschritt bringen, dar, wie vor dem Ersten Weltkrieg ein Zeitgefühl der Moderne mit neuer Technik und Wissenschaft aufkam und der Glaube an Fortschritt sich zeigte. Doch der Erste Weltkrieg zerstörte, seiner Sichtweise zufolge, diese Hoffnung auf ein neues Zeitalter. Die vielversprechenden Techniken und Wissenschaften wurden nunmehr als Bedrohung empfunden, denn sie entfalteten mit ihren Gas-, Geschütz-, Panzer- und Maschinengewehrwaffen ein ungeheures Zerstörungspotenzial und sie verwandelten sich somit zu einer Gefährdung des Menschen. Robin Craig (2017) und Joseph Hopper (2017) zeigen ebenfalls im Gegensatz zu der These, dass der Krieg technischen Fortschritt ermöglichte, wie Frieden technischen Fortschritt gebracht hat: z. B. in der Elektronik (I-Phone, soziale Medien), in der Biologie (Molekular-Biologie, Krebsbehandlung), Raumfahrt, Verbrennungsmotoren, das moderne Internet, die Landung auf dem Mond, usw. (siehe Craig und siehe Hopper in Quora 2017). Alle diese Errungenschaften demonstrieren, dass es nicht des Krieges und all seiner Zerstörungswut bedarf, um technisch voranzuschreiten.

Hier noch kurz einige Worte zum medizinischen Fortschritt. Tatsache ist, dass die medizinische Nachfrage aufgrund der vielen Verwundeten im Krieg stieg und die Medizin Möglichkeiten sah, sich in diesem Umfeld zu entfalten. Mark Werner (2017) argumentiert, dass der Krieg die Notfallmedizin (emergency medicine) sowie die Bekämpfung von Epidemien und übertragbaren Krankheiten forcierte: „War has spurred enormous progress in the field of emergency medicine and the treatment of wounds of all kinds. Not only that, but much of the early progress in controlling epidemics and various transmissible diseases was made by military research outfits“ (Werner in Quora 2017). Michael Kunze (2014) sieht ebenfalls einen großen Innovationsschub für die Medizin in Kriegsjahren. Während des Ersten Weltkrieges war das „Patientenmaterial“ sehr ergiebig und der grausame Krieg mit seinen vielen Verletzten spornte die Medizin an, auf gehäufte Knochenbrüche und Infektionskrankheiten einzugehen, aber auch enorme Blutverluste veranlasste die Medizin, Bluttransfusionen durchzuführen. Kunze ist der Meinung, dass man ohne Krieg 10 bis 30 Jahre auf die Entwicklung hätte warten müssen. Der vorgegebene Zeitraum scheint übertrieben zu sein. Aber selbst wenn dieser medizinische Fortschritt sich erst in einigen Jahren eingestellt hätte, rechtfertigt es nicht die Millionen Toten und Verletzten der Kriege.

Tragen Kriege zum politisch gesellschaftlichen Fortschritt bei?

Der Aufklärer Kant hat mit seinem Buch Zum *ewigen Frieden* Beachtung in der Friedensdiskussion gefunden, denn dort proklamiert er einerseits, dass der Krieg alles Gute vernichtet und die moralischen Werte mit Füßen getreten werden. Der Verstand sagt dem Menschen, er solle Friedensstifter sein und Kant entwickelt die Idee des Völkerrechts und eines zwischenstaatlichen Abkommens zur Sicherstellung des Friedens (siehe Kant 2006), doch andererseits „hielt der Philosoph der Aufklärung militärische Konflikte für gerechtfertigt, wenn sie Fortschrittsbremsen lockern und eine republikanische Weltgesellschaft voranbringen könnten“ (siehe Arens 2019). Eine ähnliche Meinung der produktiven Kraft des Krieges, Dinge hervorzubringen, die durch Frieden nicht hervorgebracht worden wären, vertritt der Militärschriftsteller Max Jähns. Er beurteilt den Krieg gleich zu Beginn seines Buches *Frieden und Kultur* als wichtigste Grundlage der Staatsentwicklung. Er erörtert eingehend die staatsbegründenden, gemeinschaftsstiftenden, zivilisations- und kulturfördernden Wirkungen des Krieges im Laufe der Geschichte und verweist auf dessen Impulse für die Entwicklung von Recht, Wissenschaft, Wirtschaft, Verkehr, Technik und Kunst. Der Krieg sei darum „einer der wirksamsten Förderer der menschlichen Kultur“ (Jähns in: Meier 2012, S. 123).

Auch die kanadische Historikerin MacMillan vermerkt in ihrem Buch *Krieg. Wie Konflikte die Menschheit prägten*, dass die menschliche Entwicklung offenbart, wie die sozialen, ökonomischen und politischen Verhältnisse durch bewaffnete Konflikte geprägt wurden. Sie weist in diesem Sinne auf die Ambivalenz des Krieges hin, nämlich zum einen auf seine Zerstörungskraft und zum anderen auf seinen Fortschritt, denn er brachte Veränderungen mit sich, die als segensreich wahrgenommen werden können: mehr Recht und Ordnung, mehr Demokratie, mehr soziale Wohltaten, vermehrte Bildung, Verbesserung der Stellung von Frauen und Arbeitern, aber auch so wichtige Entwicklungen wie den Fortschritte in der Medizin, der Wissenschaft und der Technologie (MacMillan 2021, Einleitung). Auch Azar Gat verfolgt in seinem Buch *War in human Civilization* ähnliche Gedanken: „War has made humanity safer and richer…has created bigger, more complex societies, ruled by governments that stamped out internal violence“ (Gat 2006, Einleitung). Vergleichbar ist auch die historische Untersuchung von Ian Morris, in welcher die produktive Rolle der Kriege in der Weise erklärt werden, dass durch Kriege größere Gesellschaften entstanden sind, die den Menschen Sicherheit und Wohlstand bescherten und im Gegensatz zur Steinzeit ist das moderne Leben aufgrund der vielen Kriege vielfach sicherer und wohlhabender geworden (Morris 2014).

Dieter Langewiesche ist zwar weit davon entfernt, Kriege zu rechtfertigen, doch, seinen historischen Analysen zufolge, ist der Krieg „eine historische Gestaltungskraft“ (siehe Langewiesche 2019). So waren z. B. bei den kriegerischen Auseinandersetzungen in den Revolutionen der USA, in der Frankreich und ebenso in der von Russland „Produktivkräfte“ am Werk, mithilfe derer sich Nationen gebildet haben, die umfassende Fortschrittsverheißungen entwickelt haben. Die Argumentation Langewiesches ist wie folgt: „Im Krieg wird getötet, gequält, geraubt, verwüstet, und dennoch werden immer wieder Kriege begonnen, um hehre Ziele anzustreben. Mit Revolutionen wollen Menschen Freiheit und ein besseres Leben erzwingen. Doch ohne Krieg keine erfolgreiche Revolution. Nationen und Nationalstaaten galten und gelten weiterhin als Garanten für staatsbürgerliche Selbstbestimmung und fairen Zugang zu den Ressourcen, die eine Gesellschaft erzeugt. Doch Nationen und Nationalstaaten sind in Kriegen entstanden und haben sich in Kriegen behauptet. Ohne Krieg keine Nation, ohne Krieg kein Nationalstaat“ (Langewiesche 2018, S. 6). Es ist fraglich, ob nur Revolutionen und Kriege die Basis für ein besseres Leben sein können, wenn man bedenkt, dass sich, wie im zweiten Kapitel bereits erörtert wurde, Revolutionen sich zwar große Ziele setzten, z. B. Freiheit, Gleichheit und Brüderlichkeit, wie die Französische Revolution oder soziale Gerechtigkeit, wie die Russische Revolution, doch wenn man den schrecklichen Terror, der in beiden Revolutionen wütete, in Betracht zieht, ist zu fragen, ob Revolutionen in der Tat zu befürworten sind oder ob nicht auch evolutionäre Bewegungen soziale, politische und ökonomische Veränderungen hätten bewirken können, wie Anke Nienkerke-Springer argumentiert: „Evolution ist ein langdauernder, immerwährender Anpassungsprozess – verkürzt gesagt: Das Bewährte, das Gute, das Nützliche setzt sich durch, bleibt bestehen, entwickelt sich weiter. Evolution statt Revolution steht also für einen Prozess der Entschleunigung (step by step) anstelle eines radikalen Umbruchs“ (Nienkerker-Springer 2020, Einleitung).

Darüber hinaus mag die These, dass sich durch den Krieg große stabile Einrichtungen entwickeln, zwar hin und wieder richtig sein, wenn man die League of Nations nach dem 1.Weltkrieg oder die United Nations nach dem 2.Weltkrieg ins Auge fasst, doch wenn man auf das große Reich der Sowjetunion schaut, stellt sich die Frage, ob nicht kleinere politische Einrichtungen den Bedürfnissen der Menschen eher entsprochen hätten, denn die Loslösungen vieler Sowjetrepubliken in den neunziger Jahren des letzten Jahrhunderts sprechen gegen Großreiche, was offensichtlich ist, wenn in Betracht gezogen wird, dass die diversen, sich von der Sowjetunion losgelösten Nationalstaaten Souveränität und Selbstbestimmung erlangen wollten.

Sind Kriege Voraussetzung für Fortschritt?

Die Schlussfolgerung dieses Kapitels ist, dass Krieg für eine Gesellschaft nicht die Bedingung ist, befriedigenden und sogar recht hübschen Fortschritt zu erreichen. Zivilisierte Gesellschaften können mithilfe neuer Ideen und Innovationen ohne Krieg evolutionär fortschreiten, denn kriegerische Auseinandersetzungen vernichten die natürlichen Ressourcen und das Vermögen eines Landes und haben negative Auswirkungen auf die Menschen (siehe Calvert 2014). „It is true that war exhausts a nation from all points, but what one must consider is the psychological impacts and over exposure to death, along with the disruption of family life. Through the devastating impacts it has on people involved, war is not necessary in society to move forward“ (ebenda). Auch selbst wenn der Krieg technische Fortschritte ermöglichen sollte, ist er antithetisch zu einem angenehmen, glücklichen und nachhaltigen Leben (siehe Jonathan Kolber In Quora 2017).

Literatur

ARENS, CHRISTOPH (2019). Der Krieg – Vater aller Dinge. In: *Welt* vom 10.02.2019.

BLOM, PHILIPP (2016). *Die zerrissenen Jahre.* München.

BLOM, PHILIPP (2009). *Der taumelnde Kontinent.* München.

CALVERT, SARAH (2014). *Is War necessary for Societies to progress?* Online: https://prezi.com/xwq_3e0akaev/is-war-necessary-for-society-to-progress/ (abgerufen am 1.12.2014)

Die Vorsokratiker (1987). Herausgegeben von Japp Mansfeld. S. 231–283. Stuttgart.

GAT, AZAR (2006). *War in human Civilization.* Oxford.

*Heraklit Fragment*e (2007). Herausgegen von Bruno Snell. Düsseldorf.

KANT, IMMANUEL (2006). *Zum ewigen Frieden*, Herausgegeben von Rudolf Malter. Stuttgart.

KUNZE, MICHAEL (2014). Im Gespräch mit der Redaktion. Wie der grausame Krieg zum medizinischen Fortschritt führte. In: *OÖ-Nachrichten* vom 5.07.2014.

LANGEWIESCHE, DIETER (2019). *Der gewaltsame Lehrer: Europas Kriege in der Moderne.* München.

LANGEWIESCHE, DIETER (2018). Vorwort in BPB. Ohne Krieg kein Fortschritt, S. 6–7. Online: https://www.bpb.de/system/files/dokument_pdf/C.H.Beck%20Langewiesche%20Gewaltsamer%20Lehrer%20%28Leseprobe%29.pdf (abgerufen am 30.11.2022).

MACMILLAN, MARGARET (2021). *Krieg. Wie Konflikte die Menschheit prägten.* Berlin.

MEIER, NIKLAUS (2012). Der Krieg als Medium des Fortschritts und der Entwicklung. In: NIKLAUS MEIER. *Warum Krieg*, S. 113–123. Paderborn.

MORRIS, JAN (2013). *Macht Krieg Sinn?* Frankfurt am Main.

MORRIS, IAN (2014). *Why War is good.* New York.

NIENKERKER-SPRINGER, ANKE (2020). *Evolution statt Revolution.* Gabal.

Quora (2017). *Why does War often lead to rapid progress.* Online: quora.com/why-does-war-often-lead-to-rapid-progress (abgerufen am 25.11.2022).

ROTTE, KARL VON (1840). Über Krieg. In: LANGEWIESCHE, DIETER (2019). *Der gewaltsame Lehrer; Europas Kriege in der Moderne*. München, S. 16 f.

SCHYBOLL, CHRISTA (k. D.). *Heraklit über Krieg*. Online: https://www.gutzitiert.de/zitat_autor_heraklit_thema_krieg_zitat_12722.html (abgerufen am 26.11.2022).

TRISCHLER, HELMUT (2022). *Förderte oder behinderte der Erste Weltkrieg den technischen Fortschritt?* Online: https://www.vdi-nachrichten.com/technik/technikgeschichte/die-technisierung-des-krieges/#:~:text=Unterseeboote%20dehnten%20den%20Krieg%20auf,wurden%20zehntausendfach%20gebaut%20und%20eingesetzt (abgerufen am 1.12.2022).

ZIMMER, MARK (2014). Erster Weltkrieg: Erfindungen, die das Leben erleichtern. In: *Süddeutsche Zeitung* vom 18,05.2014.

TEIL III

DAS RINGEN UM FRIEDEN

9 Das Streben nach Friedfertigkeit und Gewaltlosigkeit

Die christliche Lehre eines friedfertigen Menschen

In einer christlichen Kultur sollten die Botschaften Jesu das Alltagsleben des einzelnen Menschen und den Umgang zum Mitmenschen beeinflussen. Eine dieser, immer wieder zitierten Botschaften lautet: „Selig sind die Friedfertigen, denn sie werden Gottes Kinder heißen" (Matthäus 5, 9). Dem Begriff Friedfertigkeit liegt das Substantiv Friede und das Adjektiv fertig zugrunde. Mit dem Wort fertig soll zum Ausdruck gebracht werden, dass der Betreffende reif und bereit für den Frieden ist. Nach den Worten Jesu soll der einzelne Mensch in der Lage sein, Frieden zu stiften, weil er eine entsprechende innere Einstellung oder Geisteshaltung dazu hat. „Frieden, das ist etwas, was in unserem Herzen beginnt, in unseren Nahbereich ausstrahlt und weltweit weiterwirkt" (Selig, die Frieden stiften 2012). Nur von demjenigen, der Frieden in sich trägt, kann Frieden in der Welt verbreitet werden.

In Johannes 14, 27 unterscheidet Jesus zwischen dem Frieden, den er, im Vergleich zu dem weltlichen Frieden, seinen Nachfolgern vermitteln will: „Frieden hinterlasse ich euch, meinen Frieden gebe ich euch, nicht einen Frieden, wie die Welt ihn gibt". Dieser weltliche Friede „ist immer ein Friede, der aus der Gewalt gegen die Störenfriede hervorgeht. Wir fahren mit Macht dazwischen, wenn Unfriede herrscht und stellen so den Frieden wieder her: Erwachsene tun das, wenn sie kindlichen Streit mit Gebrüll beenden; Polizisten, wenn sie mit staatlich sanktionierter Gewalt das Verbrechen bekämpfen; Soldaten tun es, wenn sie mit Waffengewalt eine Waffenrufe erzwingen" (Wandlinger 2013, S. 6). So kann im Sinne Jesu festgehalten werden, dass Friede nicht gleich Friede ist. Den weltlichen Frieden, der mithilfe politischer Vereinbarungen geschaffen werden soll, wird zumeist durch den Einsatz polizeilicher oder militärischer Mittel gesichert, um die zwischenmenschlichen Konflikte durch einen Waffenstillstand zu beheben und ein Zusammenleben zu ermöglichen (siehe Honecker 2016). Weltlicher Friede meint, und Jesus scheint die Konfliktlage in der Welt richtig beurteilt zu haben, ein durch Waffenstillstand erreichter Frieden zwischen den Kriegsparteien zu sein, der durch militärische Vereinbarungen geschützt und gewahrt werden muss. Dieser Friede ist dünn und gebrechlich (siehe Hartung 2016), ganz anders als der von Jesus proklamierte Frieden, der das Verlangen nach einer heilen Welt beinhaltet, in welcher jeder einzelne Mensch aus der eigenen Sehnsucht nach Frieden und seiner eigenen Friedfertigkeit heraus, friedensstiftend ist.

Frieden kann, Jesus zufolge, darüber hinaus bewahrt werden, wenn bestimmte destruktive Leidenschaften, wie Zorn und Wut kontrolliert werden (Matthäus 5, 22). Statt die Wut an jemanden auszulassen, sollte sich der Mensch mit seinem Mitmenschen versöhnen und sogar mit seinem Gegner, ohne zu zögern, Frieden schließen (ebenda 5,24–25). Die Basis für jegliche Friedenssicherung lautet: „Alles, was ihr wollt, dass euch die Menschen tun, das tue auch ihnen" (ebenda, 7, 12).

Die Stoiker: Alltägliche Merkmale eines friedfertigen Menschen

Es gibt in der Geschichte des philosophischen Denkens kaum eine Philosophie, die so sehr auf die Friedfertigkeit des Menschen ausgerichtet ist, wie die stoische Lehre und nach 2000 Jahren immer noch eine so signifikante Rolle in der, auf das friedvolle Individuum ausgerichteten Prävention von Konflikten und Streitigkeiten spielt. Es sind die Stoiker, die in ihren philosophischen Studien die Friedfertigkeit zum Ziel ihres Lebens machten. Im Gegenteil zu aggressiven Neigungen des Menschen, zur Brutalität der Gewalt und der Unbeherrschtheit vieler Menschen, aber auch im Gegensatz zu Hass, Wut und Habgier, ist ihr Denken auf die ungestörte Seelenruhe und auf die Unerschütterlichkeit des Gemüts ausgerichtet. Die Menschen sollen lernen, stets beherrscht zu sein und sich nicht durch irgendwelche Ereignisse aus der Ruhe bringen zu lassen oder gar sich mit anderen Menschen in die Haare zu geraten. Als ein Mensch mit Gelassenheit ist der stoische Mensch immun gegen alle Widrigkeiten des Lebens (Seneca 1990). Der Mensch muss lernen, Zorn in seinem Alltag zu verhindern, denn Zorn ist, ebenso wie Rache, Bitterkeit und Grimm gegen jegliche Vernunft gerichtet und kann zu kriegerischen Auseinandersetzungen führen. Zorn deutet im menschlichen Leben zumeist auf ein Versagen der Seele hin (Seneca 2021); er ist eine zerstörerische Kraft. Wer so friedfertig wie die Stoiker leben will, kann nicht nur Frieden auf seine Umwelt ausstrahlen oder in Harmonie mit seiner Umgebung leben, seien es die Familie, die Nachbarschaft, die Arbeitskollegen, nein, er wird sich auch nie auf Widerstreit und kriegerische Auseinandersetzungen einlassen. Er will den anderen Menschen zeigen, dass er selbst die Veränderung ist, die er sich in der Welt wünscht.

Die gegenwärtige stoische Psychologie der Friedfertigkeit

Wenn es in Teilen der Psychologie darum geht, ein friedvolles, entspanntes, besinnliches, maßvolles und gelassenes Leben zu führen, wird häufig auf die stoischen Philosophen zurückgegriffen. Insbesondere in den USA, wo diverse Konflikte und Stress den Menschen so stark belasten, dass er Angstsymptome entwickelt, Schlafstörungen, Konzentrationsprobleme sowie Beziehungsschwierigkeiten zeigt, sucht der Mensch „Peace of Mind“ (siehe PsychCentral, k. D.). Die stoischen Zentren schießen nur so aus dem Boden. In „How to practice Stoism in daily life“? (siehe Eternalized 2020) wird versucht, die 2000 Jahre alten Gedanken der Stoiker in die moderne Alltagswelt zu übertragen. „Ways to create a more peaceful life“ (Solomy k. D.) sind die vielfältigen Angebote auf dem Markt, die dem Menschen Seelenfrieden versprechen und manch einer scheut kein Geld, um innere Ruhe und Gelassenheit in einer hektischen Welt zu finden. Die Ratschläge sind sehr stoisch, wie z. B. keine Macht über andere auszuüben, tolerant und stets friedlich zu sein, keine Rache gegenüber Menschen zu nehmen, sondern ihnen zu vergeben, usw. Sollte der Mensch diese Verhaltensweisen praktizieren, dann ist es denkbar, Konflikte im Alltag ohne größere Schwierigkeiten zu bewältigen. Dieser friedfertige Mensch wird sich auch nicht an kriegerischen Auseinandersetzungen beteiligen. Diese friedfertigen und gelassenen Verhaltens- und Denkweisen bieten sich den nach Frieden sehnenden Menschen an, wenn es darum geht, Kriege auf universaler Ebene zu vermeiden. Nach den Stoikern ist es insbesondere Rache, als eine sehr zerstörerische, gegen die menschliche Vernunft gerichtete Kraft, die die Spannungen beim Gegenüber sowie bei sich selbst erhöht und einen Kreislauf von Widerwärtigkeiten auslöst. Sie trägt im Sinne Schillers keinerlei Frucht. Auch die stoische tolerante Gesinnung ist zur Vermeidung von größeren Konflikten von Relevanz, denn man zeigt sich duldsam und verträglich anderen Meinungen gegenüber und fährt nicht gleich aus der Haut.

Ebenso ist es über die individuelle Friedfertigkeit hinaus auch von enormer Bedeutung, dass auf bestimmte gesellschaftliche Verhältnisse, die negative Emotionen hervorrufen können, eingegangen wird, denn insbesondere Machtverhältnisse der Über- und Unterordnung können oft der Auslöser von Feindseligkeiten sein, weil sie den unterworfenen Menschen unterdrücken und ihm keine eigenen Gestaltungen in seinem Leben ermöglichen (mehr zu diesem Thema siehe gewaltloser Widerstand weiter unten).

Buddhismus: Der mit sich in Frieden lebende Mensch

Ähnlich wie die Aussagen Jesu in der Bergpredigt oder die philosophischen Vorstellungen der Stoiker, strebt auch Buddha danach, ein friedfertiger Mensch in der Welt zu werden. Wie kann der Frieden erlangt werden? Was muss der Mensch tun, um friedfertig zu werden? Buddha rät dem Menschen: „Frieden kommt von innen, suche ihn nicht draußen“ (Dickerbuddha k. D.). Die Buddhisten raten den Menschen, die nach Frieden suchen, ihn in sich selbst zu finden. Dazu ist es zum einen notwendig, Selbstkontrolle auszuüben, d. h. nicht zornig, aufgebracht, wütend zu werden und zum anderen auch keinen blinden, unversöhnlichen Hass gegenüber seinen Mitmenschen zu erwecken. „Niemals in der Welt hört Hass durch Hass auf. Hass hört durch Liebe auf“. Oder: „Kein Feuer ist so wild, als die Leidenschaft, keine Fessel hält so fest, als der Hass“ (Zitate Buddhas in: Schulz 2021). Mit der Lehre Buddhas kann eine Kultur der Gewaltlosigkeit aufgebaut werden, indem die zerstörerischen Kräfte, wie Hass, Wut und Zorn durch konstruktive Kräfte, wie Geduld, Toleranz und Mitgefühl ersetzt werden. Buddha setzt ein Zeichen der Hoffnung, dass die Welt nicht so sein muss, wie sie jetzt ist, wenn die Menschen eine friedfertige Haltung in ihrem Alltagsleben ansteuern. „Durch transzendente Geduld streben die Praktizierenden des Buddhismus danach, Gewaltlosigkeit zu kultivieren, indem sie nicht auf Beleidigungen oder Gewalt reagieren" (PSD k. D.). Das Nicht-Reagieren auf Schmähungen und Verletzungen hat zur Folge, dass, obwohl man sich in seiner Ehre beschnitten fühlt, nicht in gleicher Weise reagiert, also nicht beschimpfend und beleidigend wird oder nicht Gleiches mit Gleichem vergelten will. Ohne diese nachtragenden Gedanken kommt es zu keiner Spirale der Hässlichkeit und Gewalt. Mit dieser buddhistischen Geisteshaltung könnten die negativen Leidenschaften besiegt werden und der Friede könnte sich in den zwischenmenschlichen Beziehungen wieder einstellen. Dass diese Haltung auch gesellschaftsverändernd sein kann, zeigen die diversen gewaltlosen Widerstände gegen Unterdrückungen.

Gewaltloser Widerstand (non-violent Résistance)

Eine Geisteshaltung der Gewaltlosigkeit zu vertreten, heißt nicht, passiv zu sein und Ungerechtigkeiten in der Welt einfach hinzunehmen. Widerstand kommt auf, wenn die Bejahung des Lebens gefährdet ist, wenn die Kraft des Lebens durch äußere Machenschaften aufgezehrt wird. Foucault bezeichnet den im Kampf hervorgebrachten Widerstand gegen Machtsysteme als „Funktion der Entunterwerfung" (Foucault 1992, S. 15). Diese Personen, die sich gegen die Unterwerfung zur Wehr setzen und dagegen Widerstand leisten, sind der festen Überzeugung, mit gewaltloser Gegenwehr und ohne irgendwelche Gewaltmittel, bereits in der gegenwärtigen Situation Einfluss auf das Kommende oder Zukünftige nehmen zu können. Man muss jedoch Mut aufbringen, um gegen gewisse Machenschaften anzugehen und man muss manchmal sehr viel einstecken und, insbesondere in autoritären Gesellschaften sogar um sein Leben fürchten.

Erica Chenoweth und Maria Stephen haben in einer historischen und quantitativen Untersuchung und mithilfe einer von ihnen geschaffenen Datenbank Fälle gewaltlosen und gewaltsamen Widerstands zwischen 1900 und

2006 aufgegriffen und festgestellt, dass gewaltloser Widerstand fast zweimal so erfolgreich war wie gewaltsamer (siehe Chenoweth und Stephen 2011). Gewaltlosigkeit oder gewaltfreies Handeln scheint eine bestimmte Macht zu generieren (siehe Butler2020), weil sie mit ihren gewaltlosen Handlungen, andere Menschen beflügeln und ihnen zeigen können, dass die Welt auch ohne Gewaltanwendung verändert werden kann. Darüber hinaus ist zumeist ein Großteil der Bevölkerung, selbst wenn sie auch der Meinung sein sollten, gesellschaftliche Veränderungen seien notwendig, nicht angetan von Menschen, die auf Krawalle ausgerichtet sind, Autos zerstören, Fensterscheiben einwerfen, Reifen anzünden, Brände legen. usw.

Bedeutende gewaltlose Widerstandskämpfer

Die namhaftesten und ausdrucksvollen Akteure gewaltlosen Widerstands waren Mahatma Gandhi in Südafrika und Indien und Martin Luther King in den USA. Der eine war erfolgreich, Indien von den Kolonialherren zu befreien und der andere bezwang ein rassistisches Gesellschaftssystem, damit seine ungerechte Rassenpolitik eingestellt wurde. Die Vorläufer des gewaltlosen Widerstands, die oft zitiert werden, sind Henry David Thoreau und Leo Tolstoy. Thoreau hat in seinem Buch *Walden* (1922) zum gewaltlosen Ungehorsam gegen den Staat aufgerufen, denn nicht durch wenige seiner Verordnungen und Gesetze erleiden die Menschen Unrecht und daher müssen diese Bestimmungen mit gewaltlosem Widerstand gebrochen werden. „Das Gesetz hat die Menschen nicht um ein Jota gerechter gemacht; gerade durch den Respekt vor ihm, werden auch die Wohlgesinnten jeden Tag zu Handlangern des Unrechts" (Thoreau Zitate k. D.). Im Sinne Thoreaus kämpft Martin Luther King gegen das Unrecht des amerikanischen Staats, welcher das Recht der Schwarzen in den USA missachtet oder verletzt hat und Gandhi tritt dem Unrecht der britischen Kolonialmacht gegen die indische Bevölkerung entgegen.

Eine weitere einflussreiche Person, die das Prinzip der Gewaltlosigkeit vertrat, war Leo Tolstoy. Jede Form der Gewalt ist, ihm zufolge, ein Affront gegen die von Jesus verkündete Botschaft (Tolstoy 1911). Er stützt sich dabei auf die Bergpredigt in Matthäus 5, 38: „Ich aber sage euch: widerstehet nicht dem

Bösen, sondern wenn jemand dich auf deine Backe schlagen wird, dann biete auch die andere dar". Die Aussagen Jesu in der Bergpredigt werden auch von King und Gandhi zum Motto ihres gewaltlosen Widerstands und sie setzen sich somit zur Wehr gegen historisch fundierte christliche Tendenzen, die von einer notwendigen Gewalt gegen die Einschränkung der Übeltäter ausgehen und Gewalt als Pflicht zur eigenen Verteidigung und die anderer als sinnvoll erachten.

Mahatma Gandhis gewaltloser Kampf gegen die Kolonisatoren

Gandhi ist der Initiator und Organisator des erfolgreichen gewaltlosen Widerstands Indiens gegen die englische Kolonialmacht. Er entwickelte seine Ideen u, a. aus der Bergpredigt und in Einklang mit den Ideen Tolstoys, der von 1908 bis zu seinem Tod 1910 in fortwährender Korrespondenz mit Gandhi war. Er stimmte mit Gandhis Vorstellung überein, dass die britische Herrschaft nur durch gewaltlosen Widerstand auf der Basis der Nächstenliebe zu Fall gebracht werden könne. Gandhi hegte die Hoffnung, dass Gewaltlosigkeit gegen massive Gewalt und Furchtlosigkeit vor der Gewalt die effektivsten Mittel für eine Befreiung von Herrschaftsstrukturen seien. „Sobald ein Volk die Gewalt nicht mehr fürchtet, wird eine Regierung sie als zwecklos aufgeben" (Gandhi 1924, S. 7). Im Gegensatz zur These, Gewalt gegen Gewalt oder Auge um Auge, ist für Gandhi nur friedlicher Widerstand der Weg zum Frieden, denn das Prinzip, Auge um Auge würde die ganze Welt blind machen. Es ist für ihn möglich, ein Herrschaftssystem, ohne Gewalt aufzurütteln und das Volk von der Unterdrückung zu befreien. Dabei soll der Mensch selbst mit seiner friedfertigen Handlung zeigen, welche Veränderungen er in der Welt begehrt. Man darf nicht den Glauben an die Menschheit verlieren. „Humanity is an ocean; if a few drops of the ocean are dirty, the ocean does not become dirty" (Gandhi zitiert in: The Times of India 2019).

Gandhis gewaltloser Widerstand baute auf einer „Kampagne der Nichtkooperation" auf. Er wollte, dass das indische Volk nicht mehr mit der Kolonialmacht zusammenarbeitet, nicht mehr für sie tätig wurde und da sie auf die Mitarbeit der einheimischen Bevölkerung angewiesen war, war das ein herber Schlag gegen die Besetzer. Ebenso war der Boykott englischer Waren sehr schmachvoll für die britische Wirtschaft, die starke ökonomische Einbußen hinnehmen musste. Stattdessen stellten die Inder/innen ihre eigenen Sachen her, wie z. B. selbstgesponnene Kleidung. Eine weitere gewaltlose Aktion war die Verweigerung der ungerechten englischen Steuern auf Salz. Gandhi rief zum 388 km langen Salz-Marsch gegen das Salzmonopol der Engländer auf und plädierte dafür, selbst Salz herzustellen und zu verkaufen. Auf diese gewaltlose Art und Weise wurde dem britischen Reich ein wirtschaftlicher Schaden zugefügt.

Es muss jedoch auch bei dieser gewaltlosen Aktion berücksichtigt werden, dass dem britischen Reich ein demokratisches System zugrunde lag, das im Gegensatz zu nicht-demokratischen, totalitären Machtsystemen an gewisse Gesetze gebunden war, die sie nicht so einfach überschreiten konnten. In einer Diktatur wäre Gandhi zweifelsohne erschossen worden. Eberling argumentiert in dieser Weise:

> „Eine totalitäre Diktatur hätte eine zarte Figur im Lendenschurz wie ihn [Gandhi] einfach zerbrochen und ausgelöscht. Aber in einer Demokratie mit einer kritischen Presse – und wenn sie auch eine rassistische, imperialistische Klassengesellschaft wie das Britische Empire war – konnte dieser stete Tropfen des gewaltfreien Widerstands jedoch letztlich das Joch der englischen Kolonialherrschaft brüchig lassen" (Eberling 2006, S. 7).

Martin Luther Kings gewaltloser Kampf gegen den Rassismus

Der Bürgerrechtler King wurde während seines Studiums mit Gandhi und seinem gewaltlosen Widerstand gegen die britischen Kolonialherren bekannt gemacht, was ihn sehr beeindruckte. Diesen Kampf Gandhis in Indien gegen die Kolonialmacht England wollte er auf die Unterdrückung der schwarzen Bevölkerung durch die Weißen (white supremacy) in die USA übertragen.

Er war sich im Klaren, dass dieser Kampf für die Bürgerrechte der Afroamerikaner kein leichter werden würde, denn sie waren über lange Zeit Sklaven und selbst, nachdem die Sklaverei abgeschafft wurde, blieben sie immer noch Bürger/innen zweiter Klasse, die in Bussen hinten sitzen mussten, deren Schul- und Universitätsausbildung sowie ihre Arbeitschancen durch Segregation geprägt waren, ja sogar bei der Toilettenbenutzung gab es eine klare Trennung zwischen schwarz und weiß. Der erste gewaltlose Widerstand war die Boykottierung eines Busunternehmens, das einer schwarzen Frau verbot, einen vorderen, nur für Weiße vorgesehenen Platz einzunehmen. Nach einem Jahr des von King geführten gewaltlosen Widerstands gegen die strikte Rassentrennung erklärte schließlich der Supreme Court 1956 die Rassentrennung in öffentlichen Verkehrsunternehmen als verfassungswidrig. Ein kleiner Erfolg in den vielen noch bestehenden Einrichtungen, denen Rassentrennungen und Diskriminierungen zugrunde lagen. Durch weitere Protestaktionen, Großdemonstrationen, Sitzblockaden und Märschen sollte Widerstand gegen die noch bestehende Ungleichheit und Ungerechtigkeit geleistet werden. Der Marsch auf Washington D. C. 1963 mit 250.000 Teilnehmer/innen war eine der größten Aktionen, die auf die Missstände der afroamerikanischen Bevölkerung hinweisen sollten. Während des Marsches hielt King die berühmte Rede „Ich habe einen Traum", auf den hier kurz eingegangen werden soll. Am Anfang seiner Rede zeigt er, dass, hundert Jahre nach der Aufhebung der Sklaverei, der Afroamerikaner immer noch nicht frei ist. Die Afroamerikaner/innen leben nach Ende der Sklaverei weiterhin am Rande der Gesellschaft, werden diskriminiert, benachteiligt und sind größtenteils arm.

> „Einhundert Jahre später ist das Leben des Negers leider immer noch von den Handfesseln der Rassentrennung und den Ketten der Diskriminierung eingeschränkt. Einhundert Jahre später lebt der Neger immer noch auf einer einsamen Insel der Armut in der Mitte eines weiten, weiten Ozeans des materiellen Wohlstandes. Einhundert Jahre später vegetiert der Neger immer noch an den Rändern der amerikanischen Gesellschaft dahin und befindet sich im Exil in seinem eigenen Land" (King 1963).

Danach offenbart King seinen sehnsüchtigen Traum einer anderen Welt, man könnte ihn als Traum eines neuen Lebens bezeichnen, in der es keine Rassentrennung mehr geben wird und alle Rassen friedlich nebeneinander leben.

> „Es ist ein Traum, der seine Wurzel tief im amerikanischen Traum hat, dass sich diese Nation eines Tages erheben wird und der wahren Bedeutung seines Glaubensbekenntnisses, wir halten diese Wahrheiten als offensichtlich, dass alle Menschen gleich geschaffen sind, gerecht wird. Ich habe einen Traum, dass eines Tages die Söhne von früheren Sklaven und die Söhne von früheren Sklavenbesitzern auf den roten Hügeln von Georgia sich am Tisch der Bruderschaft gemeinsam niedersetzen können. Ich habe einen Traum, dass eines Tages selbst der Staat Mississippi, ein Staat, der mit der Hitze der Ungerechtigkeit und mit der Hitze der Unterdrückung schmort, zu einer Oase der Freiheit und Gerechtigkeit transformiert wird. Ich habe einen Traum, dass meine vier kleinen Kinder eines Tages in einer Nation leben werden, in der sie nicht wegen der Farbe ihrer Haut, sondern nach dem Wesen ihres Charakters beurteilt werden" (ebenda).

Der Weg zu dieser freien und für alle gleichen Gesellschaft und der dafür notwendige Kampf kann, King zufolge, nur durch Mittel der Gewaltlosigkeit erreicht werden. Die Schwarzen sollten keine nachtragenden Gedanken gegenüber den Weißen haben und Hass und Zorn sollten nicht Teil ihrer Gemütshaltung sein. Sie sollten friedfertige Menschen bleiben, die ohne körperliche Gewalt einen würdevollen Kampf gegen Ungleichheit und Ungerechtigkeit führen wollen. King gibt zu bedenken:

> „Es gibt aber etwas, was ich meinen Brüdern sagen muss, die auf der abgenutzten Schwelle stehen, die zum Palast der Gerechtigkeit führt. Bei dem Prozess, den gerechten Platz zu erreichen, dürfen wir nicht ungerechter Taten schuldig werden. Versuchen wir nicht, unseren Durst nach Freiheit zufriedenzustellen, indem wir vom Becher der Bitterkeit und des Hasses trinken. Wir müssen unseren Kampf immer auf der hohen Ebene der Würde und Disziplin führen. Wir dürfen nicht er-

lauben, dass unser kreativer Protest in physische Gewalt degeneriert. Wir müssen uns immer wieder zu den majestätischen Höhen erheben und physische Gewalt mit der Macht der Seele konfrontieren. Die wunderbare neue Kampfbereitschaft, welche die Gemeinschaft der Neger umgibt, darf nicht zum Misstrauen von allen weißen Menschen führen" (ebenda).

Als Fazit des gewaltlosen Kampfes Gandhis und Kings gegen die „weißen Herren" kann festgehalten werden, dass es möglich ist, auch ohne Gewalt soziale, politische und ökonomische Veränderungen herbeizuführen, was jedoch nicht einfach ist, denn sie erfordern viel Selbstkontrolle, Disziplin, Geduld und Nachsicht. Die Teilnehmer/innen müssen oft grobe Beleidigungen und Grobheiten einstecken. Demonstrationen, Sit-ins, Streiks und andere Formen des zivilen Ungehorsams kann zu Festnahmen und bestimmten Strafaktionen führen, die viele gewaltlose Aktivisten der Sache wegen in Kauf nehmen. Ziviler Widerstand ist am wirksamsten, wenn er auf eine Graswurzelbewegung bauen kann.

Gewaltloser Widerstand in autokratischen Gesellschaften

Sehr schwierig scheint es, gewaltlose Veränderungen in nicht-demokratischen Gesellschaften in die Wege zu leiten. In dem von John Chin et al. verfassten Buch *Personalization of Power and Mass Uprisings in Dictatorships* argumentieren die Autoren, dass die meisten Diktatoren nicht durch zivile Protestbewegungen gestürzt wurden, sondern durch enge, selbst nach Macht strebenden „Supporters". Oft finden solche Umwälzungen durch Waffengewalt statt und es werden Zusagen gemacht, ein demokratisches System aufzubauen, doch es bleibt nicht selten bei den Versprechungen oder wenn sie doch eingelöst werden sollten, dann ist das Militär immer noch ein mächtiger und oft bestimmender Faktor bei der Umgestaltung.

Doch ein Blick in die jüngste Vergangenheit zeigt, dass bei der Auflösung der Sowjetunion die DDR und andere autokratische Ostblockstaaten durch zivile Protestbewegungen gestürzt wurden. Ebenso sind Gene Sharp und Srda Popovic viel optimistischer als Chins et al., denn sie sind zuversichtlich und hoffnungsvoll, dass gewaltloser Widerstand eine Macht ist, die auch in autokratischen Gesellschaften erfolgreich sein kann. Popovic war im Kampf für Freiheit und Demokratie mitverantwortlich beim Sturz des Autokraten Milosevic in Jugoslawien und erhärtet damit die These einer friedlichen Umwälzung autokratischer Staaten. In seinem Buch *Blueprint for Revolution* (2015) expliziert Popovic einige, für gewaltlose gesellschaftliche Umgestaltungen sinnvolle Schlüsselideen, wie „imagination", „invention", „cunning", „lots of humor (laughism)". Von großer Bedeutung ist es, ihm zufolge, dass erstens dem autokratischen Staat die Quellen der finanziellen Unterstützung ausgetrocknet werden („to neutralize the sources of financial support" – keyfactor 3), denn eine der bedeutendsten Säulen der Macht ist der wirtschaftliche oder finanzielle Bereich. Wenn das Geld ausgeht, dann schwinden auch allmählich die möglichen Militärausgaben, die gegen das Volk verwendet werden. Zweitens sollen, und da basiert sein Denken auf Gene Sharp (1973), die Kooperation mit dem Autokraten eingestellt werden, eine von Gandhi entwickelte Idee der Verweigerung jeglicher Zusammenarbeit mit dem Regime (siehe letztes Kapitel dieser Arbeit). Bei „withdrawing of consent" oder bei der Verweigerung jeglicher Kooperation fehlt der Autokratie die fundamentale Unterstützung, welche sie unbedingt zum Überleben braucht. Wenn diese Methode der Verweigerung von vielen Menschen über einen längeren Zeitraum angewendet werden sollte, dann wird das Regime, so die Ideen von Sharp und Popovic langsam, aber sicher, entmachtet. Neben dem oben dargelegten gewaltlosen Widerstand für Demokratie und Freiheit in den kommunistischen Ostblockstaaten und in Jugoslawien, der zum Sturz Milosevics in Jugoslawien führte, sei auch noch der Sturz des Langzeitdiktators Marcos' in den Philippinen erwähnt. Ebenso gab es Rebellionen, Demonstrationen, Märsche für Menschenrechte und Demokratie in einigen Teilen der arabischen Welt, oft als arabischer Frühling bezeichnet. Sie begangen 2012 in Tunesien gegen den Diktator Ben Ali und sein repressives System und es scheint gegenwärtig das einzige arabische Land zu sein, das noch einigermaßen demokratischen Prinzipien gerecht wird. Doch in letzter Zeit wird auch da versucht, die exekutive Macht auszubauen. In Libyen wurde zwar der Alleinherrscher Gaddafi gestürzt, doch die von der Nato unterstützten

Rebellen trugen zu einer chaotischen Lage bei. In Ägypten musste nach massenhaften Aufständen der Langzeitdiktator Mubarak zurücktreten, es kam zu Wahlen, die der Parteivorsitzende Mursi gewann; er wollte einen islamischen Staat aufbauen. Es folgte mit Unterstützung ausländischer Geheimdienste ein Putsch des Militärs und die gegenwärtige politische Lage scheint an die Zeit Mubaraks zu erinnern. In Syrien hat der arabische Frühling den Autokraten Assad nicht zu Fall gebracht, die Kämpfe halten an und das Land ist verwüstet. Zusammenfassend kann festgehalten werden, dass, mit Ausnahme von Tunesien, der arabische Frühling nicht das brachte, was man sich von ihm versprach. So scheint der Optimismus von Popovic und Sharp zwar als Zukunftsaussichten sinnvoll zu sein, doch die Realitäten in der arabischen Welt dämpfen ein wenig die Hoffnung auf Freiheit und Demokratie und würde ein Stückweit der Skepsis Chins et al. entgegenkommen. Zweifelsohne wäre ein gewaltfreier Umbruch der Gesellschaft von großer Bedeutung und nachhaltig im Vergleich zu bewaffneten Auseinandersetzungen, doch in bestimmten Kulturen ist es wahrscheinlich angebracht, sich nochmals Gedanken über bestimmte Taktiken, Strategien und Methoden gewaltfreier gesellschaftlicher Umgestaltungen zu machen, um erfolgreicher zu werden.

Literatur

Butler, Judith (2020). *Die Macht der Gewaltlosigkeit, gewaltfreies Handeln*. Berlin.

Chenoweth, Erica und Stephen Maria (2011). *Why civil Resistance works. The strategic Logic of non-violent Conflict.* New York.

Chin, John et al. (2022). P*ersonalization of Power and Mass Uprisings in Dictatorships*. Cambridge.

Dickerbuddha (k. D.). *Buddhistische Weisheiten – Philosophie und Inspiration*. Online: https://dickerbuddha.de/buddhistische-weisheiten/ (abgerufen am 25.10.2022).

Eberling, Matthias (2006). *Mahatma Gandhi – Lebenswerk und Wirkung*. Frankfurt/Main.

Eternalized (2020). *How to practice Stoism in daily Life: Modern Stoic.* Online: https://eternalizedofficial.com/2020/08/29/how-to practice-stoism-in-daily-life/ (abgerufen am 24.10.2022).

Foucault, Michel (1992). *Was ist Kritik?* Berlin.

Gandhi, Mahatma (1924). *Jung Indien: Aufsätze aus den Jahren 1915–1922.* Zürich 1924.

Hartung, Dirk (2016). Der andere Friede. In: *Reformierter Bund* – 16.08.2016.

Honecker, Martin (2016). *Predigt über Johannes 14, 27–31 in der Thomaskirche Bonn-Röttgen.* Online: https://www.kottenforstgemeinde.de/assets/applets/2016-02-21_ho.pdf (abgerufen am 20.10.2022).

King, Martin Luther (1963). *Ich habe einen Traum.* Online: https://usa-usembassy.de/texts/soc/traum.htm (abgerufen am 31.10.2022).

Popovic, Srda (2015). *Blueprint for Revolution.* New York.

PSD (k. D.). *Buddhismus und Gewaltlosigkeit.* Online: htpps://de.frwiki/buddhismus_et_non-violence (abgerufen am 24.10.2022).

PsychCentral (k. D.). *Finding Peace of Mind: 6 stepstoward lasting Serenity.* Online: https://psychcentral.com/blog/how-to-achieve-peace-of-mind (abgerufen am 23.10.2022).

Schulz, Christoph (2021). *Buddha Zitate.* Online: https://www.careelite.de/buddha-zitate-buddhism-sprueche/ (abgerufen am 25.10.2022).

Selig, die Frieden stiften. Aufruf zum Weltfriedenstag 2013 (2012). Online: https://www.bdlg.de/fileadmin/bdkj/newsletter/2012_48/weltfriedensgebet_2013.pdf (abgerufen am 20.10.2022).

Seneca, Lucius Annaeus (1990). *Vom glücklichen Leben.* Stuttgart.

Seneca, Lucius Annaeus (2021). *Vom Zorn – De Ira.* München.

Sharp, Gene (1973). *The Politics of Nonviolent Action.* Boston.

Solomy, Enter (k. D.). *Simple ways to create a more peaceful life.* Online: https://peace revolution.net/wall/topic-100017110/9-simple-ways-to-create-a-more-peaceful-life# (abgerufen am 23.10.2022).

The Times of India (2019). *Remembering Gandhi: Top 10 Quotes from the Mahatma* – September 27, 2019.

Thoreau, Henry David (1922). *Walden.* Jena.

Thoreau, Henry David (k. D.). *Zitate*. Online: https://1000-zitate.de/autor/henry+david+thoreau/(abgerufen am 25.10.2022).

Tolstoy, Leo (1911). *Das Reich Gottes ist inwendig in Euch*. Jena.

Wandlinger, Nikolaus (2013). *Nicht einen Frieden, wie die Welt ihn gibt.* Online: https://www.uibk.ac.at/theol/leseraum/texte/1009.html (abgerufen am 24.10.2022).

10 Friedensbemühungen während des Krieges

Pazifistische Stimmen im Krieg

Sollte ein Krieg ausbrechen und die Soldaten in diesen Krieg ziehen und er zum furchtbar wütenden Schrecknis wird, dann hört man immer wieder die klaren und lauten Stimmen der Pazifisten, die jede Form kriegerischer Auseinandersetzungen verdammen und sich für Frieden, Freundschaft und Völkerverständnis einsetzen. Was ist mit Pazifismus gemeint? Im Oxford Languages Wörterbuch Online ist folgende Definition zu finden: „Weltanschauliche Strömung, die jeden Krieg als Mittel der Auseinandersetzung ablehnt und den Verzicht auf Rüstung und militärische Ausbildung fordert". Doch Ablehnung eines Krieges heißt nicht, dass die Pazifisten sich aus dem Krieg raushalten. Im Gegenteil: Sie übernehmen Verantwortung im Krieg, indem sie Leidenden zur Seite stehen und sich mit ganzer Kraft für eine Lösung des Konflikts einsetzen. Wenn in einer christlichen Kultur Jesus Christus zum leuchtenden Beispiel oder als Idealfigur hochstilisiert wird, der wir nacheifern wollen, dann ist es bei einem Blick in das Neue Testament offensichtlich, dass Jesus Gewalt und jegliche kriegerische Auseinandersetzungen ablehnte. Er ging sogar so weit, dass selbst, wenn jemandem Gewalt angetan wird, er sich nicht rächen sollte, damit keine Spirale der Gewalt aufkommt. Er proklamiert in Matthäus 5, 38 f.: „Ihr habt gehört, dass gesagt worden ist: Auge für Auge und Zahn für Zahn. Ich aber sage euch: Leistet dem, der euch etwas Böses antut, keinen Widerstand, sondern wenn dich einer auf die rechte Wange schlägt, dann haltet ihm auch die andere hin." (Matthäus 5, 38 f). Oder: „Ihr habt gehört, dass gesagt worden ist: Du sollst deinen Nächsten lieben und deinen Feind hassen. Ich aber sage euch: Liebet eure Feinde, segnet, die euch verfluchen, tut Gutes denen, die euch hassen, bittet für die, die euch beleidigen und verfolgen" (ebenda 43 und 44).

Als einer der Jünger Jesu bei seiner Gefangennahme und Verurteilung dem Hohepriester sein rechtes Ohr abschlug, sagte Jesus: „Lasst ab! Nicht weiter" (Lukas 22, 51). Gewalt sollte kein Zeichen der Christi Nachfolge sein und werden. Diese Gesinnung der Gewaltlosigkeit änderte sich jedoch gravierend mit der konstantinischen Wende, als es für einen Christen erlaubt wurde, in den Militärdienst einzutreten und Soldat zu werden. Nunmehr besteht nicht länger ein Widerspruch, Christ zu sein und gleichzeitig ein Krieger zu sein, d. h. die christliche und die militärische Lebensform widersprechen sich seit dem 4. Jahrhundert nicht länger. Jesu Botschaft der Nächsten- und der Feindesliebe wird nicht länger zum Maßstab des christlichen Denkens und Handelns.

Wie Jesus entwickelte auch Buddha eine pazifistische Geisteshaltung. Nach dem Buddhismus kommt „Feindschaft durch Feindschaft zustande, durch Freundschaft kommt sie zur Ruhe" (Nyanatiloka: *Dhammapada und Kommentar* 1992, Vers 5). Oder: „Besiege Zorn durch Liebe, Böses durch Gutes" (ebenda, Vers 223). Doch auch im Buddhismus wurden diese pazifistischen Vorstellungen, wie im Christentum, nicht selten mit Füßen getreten. Man denke an den etablierten Buddhismus in Myanmar.

Nach den pazifistischen Vorstellungen Jesu ist ein aggressiver Krieg genauso ein Verbrechen wie ein defensiver Krieg, den man als ein Gegen-Verbrechen bezeichnen könnte. Ruslan Kotsaba, ein christlicher Pazifist und Mitbegründer der pazifistischen Bewegung in der Ukraine macht seinen pazifistischen Standpunkt klar, wenn er schreibt: „Ich werde bis zu meinem Lebensende daran festhalten, dass Krieg ein Verbrechen ist, an dem ich mich nicht beteilige. Wer mit Waffen Leute tötet, der muss auch akzeptieren, dass er erschossen wird" (Kotsaba in: Novak 2022). Kotsaba saß schon mehrmals wegen Kriegsdienstverweigerung in Haft und wurde von Ultraechten angegriffen, weil er den Kriegsdienst verweigerte. Es stellt sich die Frage, ob die Ukraine mit der Politik der Verhaftung von Kriegsdienstverweigerern überhaupt in die EU aufgenommen werden sollte, denn dies Strategie verstößt gegen die Gewissensfreiheit einer demokratischen Grundordnung in Europa.

Hier noch einige Worte zum gegenwärtigen Pazifismus, der mehrere Differenzierungen enthält. Es gibt erstens „einen ethisch – religiösen Pazifismus, der an das Gewissen des einzelnen appelliert und primär mit Hilfe von Glaubensgemeinschaften oder ähnlichen humanistisch fundierten Organisationen das Friedensideal zu verwirklichen sucht, zweitens einen sozial und wirtschaftlichen Pazifismus, der auf die Beseitigung sozioökonomischer Kriegsursachen und damit in der Regel auf umfassende gesellschaftliche Änderungen hin orientiert ist und drittens einen politischen Pazifismus, der sich die Beseitigung politischer Kriegsursachen zum Ziel gesetzt hat. Der völkerrechtliche Pazifismus verfolgt das Ziel, einer internationalen Friedensordnung durch die Überwindung von Recht – und Gesetzlosigkeit in den internationalen Beziehungen näher zu kommen" (Carl-von-Ossietzky-Schule k. D.). Zusammenfassend kann festgehalten werden, dass zum einen dem Pazifismus ethische/religiöse Maßstäbe zugrundliegen, die sich nicht mit dem Gewissen des Pazifisten vertragen, in den Krieg zu ziehen. Zum anderen sprechen auch soziale, wirtschaftliche und politische Veränderungen für einen Pazifismus, denn wenn es den Menschen in ihren jeweiligen Gesellschaften wohl ergeht, sie ihre Bedürfnisse befriedigen sowie ihre Fähigkeiten zum Einsatz bringen können, sie sich gegenseitig respektieren und sie in Harmonie miteinander leben wollen, dann ist die Grundlage für eine Welt ohne kriegerische Auseinandersetzungen geschaffen

Die am Pazifismus geübte Kritik ist immer wieder die, dass er Kriege jeder Art, auch solche, die das Böse bekämpfen wollen, ablehnt, aber indem der Kampf dagegen verschmäht wird, soll, den Kritikern des Pazifismus zufolge, das vorhandene Böse zementiert werden. Oder es kommt die Kritik auf, dass ein Pazifist, der sich mit keinem überwerfen will, zum Sklaven aller gemacht werden könnte. Aber hier wird verkannt, dass sich die Pazifisten, wie Jesus oder Buddha das Ziel setzten, das Böse in der Welt aufheben zu wollen, nur eben nicht mit Gewalt, sondern mit anderen Mitteln, die darauf ausgerichtet sind, zur Versöhnung der Menschheit beizutragen. Den befürchteten Sklavenstatus, der ihnen verheißen wird, verkennt, dass sie, wie weiter oben am Beispiel Gandhis und Kings gezeigt wurde, sie nicht passiv gegenüber dem Bösen sein wollen, sondern Widerstand in diversen, gewaltlosen Formen zu leisten beabsichtigen.

Sexstreik für den Frieden in der griechischen Antike

Neben den Pazifisten, die sich vehement gegen jede Form des Krieges aussprechen, gibt es auch Frauen, die sich in der Geschichte der vielen von Männern geführten Kriegen gegen die kriegerischen Auseinandersetzungen zur Wehr setzten und dies nicht in der Form von Gewalt, sondern mit einem gewaltlosen Sexstreit. Aristophanes zeigt in seinem attischen Drama *Lysistrata* den Kampf einiger Frauen gegen die Männer, die sie als Verursacher des peloponnesischen Krieges beschuldigen. Da die Männer den Krieg verursachen, wollen sie die Verantwortlichen zur Rechenschaft ziehen und mithilfe der von ihnen ausgewählten Strategie des Sexstreikes den Frieden erzwingen.

Im Folgenden soll ein grober Handlungsrahmen, der von der Uni München zusammengefasst wurde, wiedergegeben werden, um die geschichtlichen Gegebenheiten besser einordnen zu können:

> „Die Athenerin Lysistrata, des Krieges überdrüssig, lässt die Frauen aller beteiligten Kriegsparteien zusammenkommen. Ihr Plan ist, dass alle Frauen sich den Männern bis zu einer endgültigen Versöhnung sexuell verweigern. Ein Schwur wird abgelegt und zeitgleich die Akropolis samt Athener Staatskasse von den alten Weibern Athens okkupiert. Im weiteren Verlauf wird die Akropolis für alle Frauen die Bastion, ihren Männern zu entsagen. Versuchte Interventionen der Männer Athens und des Ratsherren samt Polizei werden erfolgreich zurückgedrängt. Als größeres Problem stellt sich die sexuelle Begierde der Frauen heraus (Wir wollen ficken:), doch auch diese weiß Lysistrate zu bändigen. Selbst als der Mann der Athenerin Myrrhine, im Gefolge ihres gemeinsamen kleinen Sohnes, auftaucht und es mit der Mitleidsschiene versucht, siegt der Schwur der Frauen. Nun taucht ein spartanischer Herold inklusive erigiertem Phallus auf. Kinesisas erfährt von diesem, wie es wirklich ‚steht', und zwar dass die Frauen allerorts verbündet sind. Es wird nach Gesandten geschickt, um eine Versöhnung herbeizuführen. Spartas Gesandtschaft wird von Lysistrate und einer nackten Frau, ‚Versöhnung', empfangen. Nach einigen Ansprachen Lysistrates findet die Versöhnung tatsächlich statt und wird mit einem Festmahl

auf der Akropolis gekrönt. Letztendlich haben die Athener sogar etwas gelernt, dass nämlich, wenn sie betrunken sind, die Spartaner gar nicht mehr so übel sind" (Universität München 2014).

Hier nun einige Worte Lysistratas, die den erfolgreichen Sexstreit initiiert und organisiert hat und auf diese Weise den erbitterten Peloponnesischen Krieg um die Macht ein Ende bereitete:

„Nun hört! Ich will's euch länger nicht verhehlen!
Wir Frauen müssen – wollen wir die Männer
Im Ernst zum Frieden zwingen – künftig uns
enthalten …" (Aristophanes, Lysistrata 2016, erstes Kapitel).

„Wir sitzen hübsch geputzt daheim, wir gehen
Im Florkleid von Amorgos, halbentblößt,
Mit glattgerupfter Schoß vorbei an ihnen:
Die Männer werden brünstig, möchten gern,
Wir aber kommen nicht – rund abgeschlagen!
Sie machen Frieden, sag' ich euch, und bald!" (ebenda).

Die Frauen zeigen sich nackt den Männern und die werden beim Anblick erregt und wollen ihren sexuellen Trieb befriedigen, doch erst wenn der noch angehende Krieg aufhört, dürfen sie das wieder – das ist die Losung Lysistratas. Hier manifestiert sich Frauen-Power. Sie nehmen Einfluss auf den Krieg, denn der Peloponnesische Krieg wird beendet und mithilfe des Sexstreites wird Frieden erzwungen.

Gegenwärtiger Sexstreit der Frauen in Afrika gegen Kriege

Die Strategien Lysistratas finden auch in der Gegenwart in Teilen Afrikas Anwendung, indem die Frauen dort ihren Einfluss auf die Politik entdecken, was ihnen Selbstvertrauen und die Kraft gibt, sich zu wehren.

„In drei Ländern haben Frauen das Schlafzimmer als Druckmittel in der Politik eingesetzt. Wie Aristophanes' Lysistrata mobilisierte 2003 die spätere Friedensnobelpreisträgerin Leymah Gbowee ihre Geschlechtsgenossinnen in Liberia zu einem Sex-Streik, um die Politiker nach einem 14-jährigen Bürgerkrieg zu einem Friedensschluss zu zwingen. Auch in Kenia riefen 2009 Frauenorganisationen zu einem einwöchigen Sex-Streit auf. Sie wollten ihre Männer dazu bringen, Druck auf die Politiker auszuüben, damit diese ihre Streitigkeiten beenden und das Land verantwortungsvoll regieren. Sie fürchteten eine Wiederholung der blutigen Unruhen, bei denen 2008 nach den Präsidentenwahlen mehr als tausend Menschen getötet worden waren. In Togo wollten 2012 die Frauen durch Abstinenz den Rücktritt des Präsidenten, dessen Familie seit 1967 das Land regiert, erzwingen. Diese machtvolle Art, sich Gehör zu verschaffen, war immerhin in Liberia und Kenia erfolgreich" (Afrika Sex-Streit 2015).

Friedensbewegungen: Krieg vermeiden – durch Peace-Building auf den Frieden hinarbeiten

Neben den Pazifisten, die nein zu allen Kriegen sagen und den Frauen, die durch sexuelle Enthaltung Druck auf ihre Männer ausüben, um endlich Friedengespräche einzuleiten, gibt es noch Institutionen, Vereine und Organisationen, die friedensstiftende Tätigkeiten entfalten. Sie vertreten die Meinung, dass Kriege aus einer sozialen und politökonomischen Sichtweise heraus zu einem großen Teil verhindert werden könnten. Nach Oxford Academic ist es möglich, Kriege zu vermeiden, wenn extreme Armut wenigsten reduziert, sozio-ökonomische Ungleichheit verringert, Militarismus mit den einem Land zur Verfügung stehenden Waffen kritisch gesehen wird und eine schlecht geführte Regierungsform (poor governance) umfunktioniert oder gar ersetzt wird (siehe Levy 2022). Es gibt einige internationale Organisationen und Netzwerke, die Konflikte ohne Gewaltanwendung lösen wollen. Die bekannteste Organisation ist die UN. Die vereinten Nationen legen bei ihrem Friedensaufbau großen Wert auf die gut funktionierende Infrastruktur eines Landes, denn dadurch können Krisen vermieden werden, die schnell zu Konflikten und zu kriegerischen Auseinandersetzungen führen können. In diesem Sinne beginnt Kriegsverhinderung oder Friedensförderung bereits lange bevor Konflikte ausbrechen, indem auf die Bedürfnisse der Bevölkerung eingegangen wird, soziale Kohäsion, Gleichheit und Gerechtigkeit gefördert werden sollen (siehe Fantini et al. 2020). In fragilen und konfliktbeladenen Gesellschaften mangelt es oft an einer angemessenen Infrastruktur. Es fehlt häufig an Krankenhäusern, Sanitätseinrichtungen, Straßen, Wasser, Energie u. a. „By enabling access to services, creating jobs and linking people with opportunity, infrastructure has immense power to promote recovery, reduce inability and drive economic development" (Faremo , Under-Secretary-General of the 2020, Vorwort).Im nächsten Kapitel sollen die UN Aktivitäten weiter erörtert werden.

Eine andere internationale Friedensorganisation ist Peace Direct, die sich für die Beendigung von Kriegen engagiert. Sie unterstützt lokale Akteur/innen in Konfliktzonen überall auf der Welt, um Gewalt zu beenden und langfristigen Frieden zu etablieren. Sie hat ihren Sitz in London, hat aber Tochtergesellschaften in den USA und in Deutschland. Ihre Programme erstrecken sich über 11 von Gewalt geprägten Ländern. Sie entwickelt Programme, welche die Jugend ermutigen soll, sich von der Gewalt als Problemlösungsmittel zu distanzieren. Mithilfe von Projekten sollen Arbeitsmöglichkeiten geschaffen werden, die eine von kriegerischen Auseinandersetzungen zerrüttete Community wieder aufbauen sollen. Peace Direct unterstützt auch örtliche Friedensbemühungen in Konfliktzonen.

> „Peace Direct helps this strategic shift and adds value to their efforts on the ground. Firstly, it raises funds for their programmes and offers management support and advice. Secondly, it builds recognition for their work, to put them in touch with those in the wider world who can assist with funds and influence. And thirdly, it promotes the concept of locally led peacebuilding to the international community, so that others will adopt its approach too" (Irenees k. D.).

Die Verantwortung für einen nachhaltigen Frieden wird nicht von außen oder von oben festgelegt, sondern es sind die betroffenen Akteure selbst, die ihn erreichen wollen, „Wir möchten so den Gestaltungs- sowie den Entscheidungsfreiraum und die Handlungsfähigkeit lokaler Akteur/innen in von Konflikten betroffenen Regionen stärken" (Robert Bosch Stiftung k. D.)

Netzwerk Friedenskooperative

Die Friedenskooperative ist ein informeller Dachverband der Friedensbewegung, die sich als Netzwerk einer außerparlamentarischen Aktionsfront oder als „Politik von unten" versteht (siehe Friedenskooperative k. D.). Sie kritisiert die wachsenden Ausgaben für das Militär oder die kontinuierliche Aufrüstung, weil diese Tendenz die Weichen für eine Militarisierung in der Zukunft stellt, in welcher Konflikte zunehmend durch Waffen, statt durch Verhandlungen gelöst werden sollen. Das Netzwerk Friedenskooperative fordert dementsprechend eine Zeitenwende für zivile Maßnahmen. In besonderer Weise wird von Seiten der Friedensbewegung die Anschaffung neuer F-35-Kampfflugzeuge kritisiert, mit denen Deutschland an den Kriegsgeschehen mitzuwirken vermag (Friedenskooperative 2022).

Es kommt nicht selten Kritik an der Friedensbewegung auf, indem man sie als naiven oder rückschrittlichen Pazifismus bezeichnet, insbesondere dann, wenn es um Angriffskriege geht: „Im Kontext eines Angriffskrieges ist der Ratschlag zur ‚gewaltfreien Kommunikation' ein Kategorienfehler, pure Augenwischerei und politisch blind. Die militärische Verletzung einer nationalen Souveränität und der Abwurf von Bomben sind nun einmal etwas anderes als das Anliegen der gewaltfreien Kommunikation" (Geschichte der Gegenwart 2022). Frieden durch Waffenlieferungen zu erreichen, wird wiederum von der Friedensbewegung als Eskalation des Krieges und Ankurbeln der Spirale der Gewalt kritisiert.

Auch die International Crisis Group will Krieg verhindern und bemüht sich, friedensstiftend zu sein. Sie will als unabhängige Organisation funktionierende Regierungsformen (good governance) mit inklusiver Politik unterstützen und mit so viel wie möglichen Konfliktpartnern in Kontakt treten, um flexible und kreative Rahmenbedingungen für internationale Diplomatie bereitzustellen (siehe International Crisis Group 2022).

Es gibt noch eine Menge anderer Initiativen und Organisationen, die sich alle darum bemühen, Friedensarbeit und Friedensaufbau in Krisengebieten zu leisten, denn sie gehen davon aus, dass Krieg vermeidbar ist, weil er ein von Menschen gemachtes Desaster ist, das von Menschen wieder behoben werden kann, Die vielen Bemühungen sind anerkennenswert und unterstützungswürdig, doch wenn man einen Blick auf die Weltkarte wirft, dann fühlt man sich enttäuscht, dass trotz der kolossalen Anstrengungen in weiten Teilen der Welt noch Krieg herrscht. Nach der Forschungseinrichtung „Bildfragen" gab es 2021 immer noch 22 Kriege weltweit, die beständig andauern und 6 sogenannte gewaltsame Konflikte, die allesamt Verwüstung, Verletzung und Tod mit sich brachten (siehe Bildfragen.de 2022). Viele Menschen fragen sich, warum immer noch so viele kriegerische Auseinandersetzungen in der Welt geführt werden, obwohl allerhand Organisationen und Netzwerke sich um Frieden bemühen. Sind die diversen Bemühungen vergeblich? Sind sie umsonst, weil sie keine Früchte einbringen? Oder sind sie doch erfolgreich in einigen Teilen der Welt, sodass es ohne ihre Friedensarbeit noch mehr Konflikte geben würde? Zu verzagen oder gar mutlos zu werden, wäre falsch, denn es geht bei den Friedensbemühungen um die Erhaltung des Lebens gegen die Krieger des Todes, für die ein einzelnes Leben wenig zählt, während für die Friedfertigen das menschliche Leben stets ein kostbares Gut ist und der Wille zu leben, selbst unter den widrigsten Bedingungen, bei allen Lebewesen immer wieder zu beobachten ist.

Literatur

Afrika: Sex-Streit zum Erfolg (2015). In: *IPG-Journal* vom 17.08.2015.

Aristophanes (1960). *Lysistrata.* Übersetzer Ludwig Seeger. Wiesbaden/Berlin.

Bildfragen.de (2022). *Wie viele Kriege gibt es aktuell 2022?* Online: https://www.bildfragen.de/wie-viele-kriege-gibt-es-aktuell.2022/ (abgerufen am 30.12.2022).

Carl von-Ossietzky-Schule (k. D.). *Pazifismus*. Online: https://www.cvossietzky.de/index.php?seite=pazifismus (abgerufen am 08.11.2022).

Dhammapada (1997). *Des Buddhas Weg zur Weisheit und Kommentar*. Uttenbühl.

Fantini, C. et al. (2020). *Infrastructure for Peacebuilding, a UNOPS Report*. Kopenhagen.

Fareno, Grete (2020). *Infrastructure for Peacebuilding*. Online: https://content.unops.org/publications/infrastructure_peacebuilding_EN_web.pdf (abgerufen am 29/12.2022).

Friedenskooperative (2022). *Sondervermögen: Netzwerk Friedenskooperative kritisiert Bundeswehr-Aufrüstung*. Online: https://www.friedenskooperative.de/aktuelles/sondervermoegen-netzwerk-friedenskooperative-kritisiert#:~:text=Das%20Netzwerk%20Friedenskooperative%20fordert%20dementsprechend,faktisch%20auf%20Jahrzehnte%20festgeschrieben%20wird. (abgerufen am 9.11.2022).

Friedenskooperative (k. D.). *Stoppt das Töten in der Ukraine – Aufrüstung ist nicht die Lösung. Dezentraler Aktionstag für Frieden und für ein gutes Leben*. Online: Friedenskooperative.de/friedensbewegung#collapse-4 (abgerufen am 9.11.1822).

Geschichte der Gegenwart (2022). *Das Credo der Gewaltlosigkeit. Eine Kritik*. Online: https://geschichtedergegenwart.ch/das-credo-der-gewaltlosigkeit-eine-kritik/ (abgerufen am11.11.2022).

Irenees (k. D.). *Peace Direct*. Online: https://www.irenees.net/bdf_fiche-acteurs-714_en.html (abgerufen am 12.11.2022).

Kotsaba, Ruslan (2022). Ich beteilige mich nicht am Krieg. In: Peter Nowak. *Die Lage für Pazifisten in der Ukraine ist gefährlich*. Online: https://www.freitag.de/autoren/peter-nowak/die-lage-fuer-pazifisten-in-der-ukraine-ist-gefaehrlich (abgerufen am 15.11.2022).

Levy, Barry S. (2022). *From Horror to Hope*. Oxford.

Robert Bosch Stiftung (k. D.). *Globale Fragen: Peace-Direct*. Online: https://www.bosch-stiftung.de/de/projekt/peace-direct (abgerufen am 13.11.2022).

Uni München – Philosophische Fakultät (2014). *Das attische Drama*. München.

11 Umdenken: Friedenslogik statt Kriegslogik – zivile gewaltlose Konfliktbearbeitung

Eine alternative Denkweise der Konfliktlösung

Was die Menschheit gegenwärtig braucht, ist ein Umdenken – weg von dem Denken, dass Konflikte durch kriegerische Auseinandersetzungen gelöst werden können, hin zu friedlichen Konfliktbewältigungsstrategien. Nach dem Duden ist umdenken, „sich eine neue Denkweise, eine neue Sicht der Dinge zu eigen machen" (Duden Online 2022). In einem Atomzeitalter sind Vorstellungen, mit Waffen Frieden zu schaffen, ohnehin eine gefährliche und sinnlose Perspektive, denn diese militarisierte Sichtweise kann Unheil in der ganzen Welt anrichten. Die Gefährlichkeit atomarer Waffensysteme macht eine neue Denkweise, eine neue Anschauung, mit Konflikten umzugehen, erforderlich. Aber nicht nur durch das Atomzeitalter werden Kriege höchst riskant, nein auch schon vor der atomaren Aufrüstung musste jedem denkenden Menschen klar geworden sein, dass Konflikte mit Gewalt zu lösen, Probleme nicht entwirren, sondern Gegensätze eher verschärfen und einen tiefen Graben zwischen den Menschen, Rassen, Gruppen und Staaten aufwerfen. Man muss, um kriegerische Gewalt zu vermeiden, an Konflikte anders herangehen, sie neu begreifen lernen, alternative Lösungsversuche ins Auge fassen. Eine auf Frieden ausgerichtete Politik sollte auf das große und hohe Ziel lossteuern, soziale Konflikte durch gewaltfreie Maßnahmen zu lösen. Nach Küng und Senghaas gibt es „die Möglichkeit einer internationalen, auf gemeinsamen Werten gegründeten Friedenspolitik, …die Krieg als Option der Weltpolitik ausschließen kann" (Küng und Senghaas Hrsg. 2003, Klappentext). Der Friedenspolitik geht es also nicht darum, Konflikte in der Welt zu vermeiden, das wäre auch illusorisch, denn sie treten in sozialen Gegebenheiten, seien es die Partnerbeziehungen, Eltern-Kind-Beziehungen oder Lehrer-Schüler sowie Arbeitgeber-Arbeitnehmer-Beziehungen, immer wieder auf. Sie sind ein Bestandteil dynamischer Gesellschaften. In diesem Sinne argumentieren Colgan et al.:

> „Conflict in and of itself is neutral. It is a fact of life. People disagree, argue, even fight. It has been like this throughout human history. It is this way in our daily lives. We all know conflict with our friends, our families, our co-workers. It is part of human nature. But where it leads is not predefined. Conflict is neither intrinsically negative nor positive. In fact, how it plays out is determined entirely by how it is handled by the attitudes and skills of those involved“ (Colgan et al.2017).

Die wesentliche und entscheidende Botschaft der Autoren ist es, nicht darauf hinzuwirken, präventive Konfliktarbeit zu betreiben, also Konflikte nicht entstehen zu lassen, sondern sich darum zu bemühen, mit aufkommenden Konflikten angemessen umzugehen. Es soll ein gewaltfreier Umgang mit Konflikten angeregt werden, um kriegerische Lösungsmethoden zu verhindern. Dieser andere, friedfertige Umgang mit Konflikten kann in gewisser Weise als ein Paradigmenwechel im Denken der Menschen bezeichnet werden, denn alle aufkommenden Konflikte sollen nunmehr nicht länger mit Gewalt, sondern mit gewaltfreien Mitteln geklärt werden – quasi ein Bruch mit der militärischen Vergangenheit und ihren Sichtweisen, Konflikte gewaltsam zu lösen. Im Folgenden sollen nun einige nicht friedliche Möglichkeiten der Konfliktbearbeitung erörtert werden, indem Konflikte in ihrem Wesen erkannt, das Konfliktverhalten kritisch beleuchtet und tragfähige Lösungen gefunden werden sollen.

Friedensvision

Einer der bekanntesten Konflikt- und Friedensforscher der Gegenwart ist Johan Galtung, der in seiner Arbeit das Ziel verfolgt, eine Kultur des Friedens zwischen Menschen innerhalb einer Gesellschaft und zwischen Gesellschaften zu schaffen, was nicht nur Sache der Politiker sein soll, sondern die aller Menschen (Friedensbildung Aktuell – siehe Galtung 2018). Der innerstaatliche und zwischenstaatliche Frieden soll dadurch entwickelt werden, dass „die Waffen delegitimiert, konventionelle und paramilitärische Komponenten zugunsten gewaltloser Fertigkeiten reduziert und zugleich nichtmilitärische Verteidigungsstrukturen aufgebaut werden, und die in Krisengebieten auf die Karte ziviler Friedenssicherung und internationaler Friedensbrigaden setzt" (Galtung 2013, S. 22).

Was sind diese gewaltlosen Fertigkeiten, die Menschen erlernen und umsetzen sollen, um Konflikte friedlich zu bewältigen? Ihnen liegen Kenntnisse zugrunde, mithilfe derer der Mensch Fähigkeiten und Kompetenzen zu erwerben vermag, wie er gewaltfrei mit seinen Mitmenschen umzugehen in der Lage sein kann, genauso wie er in seiner Kindheit und Jugend zu schreiben, lesen, rechnen oder Klavier spielen gelernt hat. Diese friedfertigen Fähigkeiten werden zu seiner neuen „Sprache des Lebens" (Rosenberg 2013). Der Mensch soll in dieser neuen Sprache Achtung vor dem Leben entwickeln. Er soll, wie Erich Fromm dies zum Ausdruck brachte, „eine leidenschaftliche Liebe zum Leben und allem Lebendigen entwickeln" (Fromm 1981, VI, S. 331). Das Leben soll einen hohen Stellenwert bekommen, der durch kriegerische Auseinandersetzungen nicht zerstört werden darf. Statt einer Sprache der Gewalt oder einer Kriegssprache soll der das Leben bejahende Mensch „die Sprache des Friedens sprechen" (Rosenberg 2006). In dieser Sprache wird sich der Mensch bemühen, „gewaltfreies Denken und Handeln in einem größeren, ja globalen Maßstab umzusetzen und durchzusetzen. Die Zeit ist reif dafür" (Leitner 2020). In dem von Rebecca L. Oxford herausgegebenen Buch *The language of Peace: communicating to create Peace* wird dargelegt, wie eine Sprache des Friedens gekoppelt mit positiven Intentionen dazu beitragen könnte, Harmonie in uns selbst sowie mit den Leuten um uns herum zu finden und wie wir dadurch Frieden in der Welt erreichen können.

Immer mehr Organisationen wollen dazu beitragen, dass die Menschen die Sprache des Friedens erlernen. Es sind Organisationen wie „das amerikanische Institute of Peace, Rhize, das Internationale Center on nonviolent Conflict, nonviolent Peaceforce, American Friends Services Committee, Operation Dove und das Team der Christian Peacemaker…und Pax Christ" (siehe

Pax Christi 2016). Dadurch können sie „ihre Partnerschaften und Synergien vertiefen und damit ihr Wissen und ihre Fähigkeiten zu strategischen, gewaltfreien Aktionen verbessern" (ebenda). Auf diese Weise könnten die vielen gewalttätigen Auseinandersetzungen weltweit verhindert oder auf jeden Fall abgemildert werden.

Wenn die friedensliebenden Menschen in die Sprache des Lebens eingebettet sind, dann werden sie versuchen, den Gegner zu respektieren, ihm zuzuhören und ihn zu verstehen. Dabei wird der auf Frieden ausgerichtete Mensch das Konzept des Feindes nicht nur in Klammern setzen, sondern ganz und gar verwerfen. Sie werden willig und offen für die Vorstellungen der anderen Menschen sein und in der Form von Dialogen miteinander umgehen. „Dialogue is an inclusive process and brings together a diverse set of voices" (Wikibooks 2016). Die Sprache des Lebens und des Friedens konstituiert sich für Buber (1995) in einem Dialog auf Augenhöhe, wodurch sich eine wirkliche „Begegnung" zwischen Menschen ereignet. „Vergegnung" ist der Gegensatz zu der gewünschten Begegnung oder eine misslungene Begegnung, die dann eintritt, wenn der Mensch den anderen nicht ernst nimmt, ihn nicht respektiert oder er statt eines Du zum Es herabgewürdigt wird, was sich dann kundtut, wenn der andere als Fremder oder als Feind konstruiert wird.

Internationaler und ziviler Friedensdienst

Auf internationaler Ebene sind es die Vereinten Nationen, die sich darum bemühen, eine Kultur des Friedens zu fördern. Es ist ihr Motto, dass Frieden herzustellen eine große Herausforderung ist, aber ihn zu wahren, eine noch größere sein soll, ja sogar als eine Kunst bezeichnet werden kann. Was spricht für die Vereinten Nationen (UN) und deren Friedenssicherung? Sie verfügen über ein vielseitiges Instrumentarium zur Sicherung und Wiederherstellung von Frieden und Stabilität in Konfliktgebieten und sie versuchen weltweit, Konflikte unter Kontrolle zu bringen oder deren Eskalation zu verhindern. Die UN greift oft in bestehende Konflikte ein und unterstützt den Aufbau eines stabilen Friedens. Mit dem Konzept des „Sustaining Peace" wurde im Jahr 2016 ein tiefgreifender Wandel in der UN-Friedensstrategie eingeleitet: „Anstelle der nur kurzfristigen Beilegung von Konflikten zielt das Konzept auf die langfristige Stabilisierung von Frieden und fördert friedensstärkende Strukturen. Indem die Vereinten Nationen Diplomatie, gute Dienste und Mediation anbieten, spielen sie eine immer wichtigere Rolle in der Konfliktprävention" (Deutsche Gesellschaft für die Vereinten Nationen 2022), was nicht impliziert, Konflikte, wie oben bereits erörtert, zu verhindern, sondern ihre, zu möglichen kriegerischen Auseinandersetzungen führende Eskalation zu vereiteln.

Es ist ohne Weiteres positiv zu bewerten, dass die UN einerseits versucht, Krisen- und Konfliktmanagement zu betreiben, um Frieden zu fördern. Hierdurch werden den diversen Konfliktstaaten vielfältige Möglichkeiten zu internationaler Zusammenarbeit und kollektivem Handeln eröffnet, was zu einer gewissen Beruhigung der Konfliktherde beisteuern kann. Andererseits kommt auch Kritik auf, dass „die politische Praxis der Vereinten Nationen gerade in der Friedenssicherung jedoch häufig durch halbherzige Entscheidungen gekennzeichnet [ist], die nach langwierigen Diskussionen zustande kommen und dann unzureichend ausgeführt werden" (Bundeszentrale für politische Bildung 2005).

In Deutschland und anderen Ländern werden Friedensfachkräfte ausgebildet und werden in Krisen- oder Konfliktgebieten eingesetzt, um Gewalt zu vermeiden und den Frieden zu fördern. Es herrscht die Meinung vor, dass Gewaltprävention und Friedensförderung wirksamer seien als kriegerische Auseinandersetzungen, denn sie versuchen in vorbeugender Weise, die eventuell zu Kriegen führenden Risiken unter Kontrolle zu bringen und die bedrohliche Situation zu entschärfen. Dass der Zivile Friedensdienst als eine Art Prävention von Gewalttätigkeiten „sehr gut funktioniert, zeigt das deutsche Modell. Dort wurden seit 1999 rund 1.500 Friedensfachkräfte in mehr als 60 Ländern eingesetzt. Ein Konsortium von Nichtregierungsorganisationen setzt das gemeinsame Programm in der Praxis um. Die staatliche Unterstützung beträgt in Deutschland 55 Millionen Euro pro Jahr – Tendenz steigend. Natürlich wird die Wirksamkeit streng geprüft" (Friedenserziehung, Friedensförderung und Gewaltprävention 2020). In Zukunft werden die Nichtregierungsorganisationen als Politikfeld weiter an Bedeutung gewinnen, denn der Bedarf nach ziviler Friedensförderung wird aufgrund internationaler Konflikte weiter steigen (siehe ETH 2006).Vergleicht man jedoch die Militärausgaben, welche sich in

Deutschland allein auf dreistellige Milliardenbeträge belaufen und deren absurdes Ziel es ist, mithilfe tödlicher Waffen Frieden schaffen zu wollen, dann sind die 55 Millionen für Friedensdienste eine zu geringe Summe, obwohl sie als Friedensretter auf den Frieden hinarbeiten und Menschen vor dem menschenvernichtenden Krieg bewahren wollen.

In der Diskussion der Primärprävention zeigt sich ein ähnliches Denken sowohl in den jeweiligen Strategien der Gesundheitswissenschaften wie auch der Friedenswissenschaften. Bei beiden geht es um Vorbeugung unangenehmer oder schlimmer Folgeerscheinungen: die einen wollen Krankheiten verhindern, die anderen, Gewalt vermeiden. Es soll der ersten Strategie zufolge, bei den Menschen Gesundheit gefördert werden, indem sie lernen sollen, ungesunde Lebensweisen zu vermeiden, denn gewisse Lebensweisen und Krankheiten hängen eng miteinander zusammen (Lenartowicz 2020). Ebenso ist es das Ziel der Friedensförderung, Lebensweisen zu schaffen und zu fördern, die Gewalt verhindern und Frieden schaffen. Nach der Bundeszentrale für Gesundheit (2022) sind die meisten Krankheiten „nicht angeboren, sondern treten im Laufe des Lebens auf". Ähnliches gilt für die Gewalt. Auch sie ist nicht angeboren; vielmehr ist sie eine Aneignung unter bestimmten gewaltsamen Bedingungen. Bei beiden sind die präventiven Maßnahmen darauf ausgerichtet, entweder einerseits gesundheitsrelevantes oder friedensrelevantes Verhalten bei den einzelnen Menschen durch Erziehung bzw. Umerziehung zu erzeugen oder andererseits zur Vermeidung von Krankheit oder Gewalt die relevanten Lebensbedingungen zu verbessern. Dabei sollen die gesellschaftlichen Verhältnisse so verändert werden, dass die Menschen sich in der Gesellschaft körperlich, psychisch und sozial wohlfühlen und sie sich einander, wie es die Vereinten Nationen nach dem Zweiten Weltkrieg einmal formulierten, „im Geiste der Brüderlichkeit begegnen" (Vereinte Nationen 1948, 217 A III). Solche gesellschaftlichen Veränderungen mögen für einige Menschen utopisch sein, doch jede Gesellschaft sollte sich um das Wohl der Menschen kümmern, denn Wohlbefinden trägt zur Lebenszufriedenheit bei, die wiederum gesundheitsfördernd und friedensstiftend sein kann. Für die Unterstützer der Friedenslogik scheint es eine unumstrittene Schlussfolgerung zu sein, dass persönliches Wohlempfinden keinen Anlass für kriegerische Auseinandersetzungen bietet.

Friedenserziehung

Nach der sozial-kognitiven Theorie Banduras (1976) erlernt der Mensch gewalttätige wie auch friedliche Verhaltensweisen durch Beobachtung und Nachahmung. Er eignet sich aggressives Verhalten an, wenn er dieses in seiner Umgebung wahrnimmt, genauso wie er friedfertiges Verhalten in seiner sozialen Umwelt erlernen kann. Wenn er tagtäglich Gewalt um sich herum beobachtet, sei es in der Familie, in der Schule, auf der Straße oder in sozialen Medien und Videos, insbesondere wenn er in Video-Games ständig mit Gewaltprozessen konfrontiert wird, dann besteht eine hohe Wahrscheinlichkeit, dass er sich dieses Gewaltphänomen, Bandura zufolge, aneignet. Das Gleiche gilt für friedliche Verhaltensweisen. Auch sie werden in sozialen Umgebungen erlernt, wenn die Familienmitglieder gelassen miteinander umgehen, in der Schule gewalttätiges Verhalten sanktioniert wird und wenn Kinder und Jugendliche der Verherrlichung von Gewalt in Videos und sozialen Medien aus dem Weg gehen.

Mit Friedenserziehung ist eine Erziehung zu friedlichen oder gewaltlosen Konfliktlösungen gemeint, d. h. also, dass Frieden erlernt werden muss und kann, denn es scheint nach der sozial-kognitiven Theorie möglich, wenn das Lernen am Modell dies gewährleistet. Nach dieser Theorie imitiert der Mensch das sogenannte ihn umgebende Modell und ahmt sein Verhalten nach. Sollte das ihn umgebenden Verhaltensmuster gut und friedfertig sein, dann kann man davon ausgehen, dass er entsprechend handelt. Das Gleiche gilt für die gegenteiligen Verhaltensmuster. Nach Bandura kann man nur hoffen, dass der modellierende Effekt seiner Umwelt auf Frieden ausgerichtetes Verhalten entwickelt und er sich nicht gewaltsame Vorbilder aneignet. Doch stellt sich in diesem Kontext die Frage, ob der Mensch Opfer seiner sozialen Umwelt ist, er also durch seine Umwelt in friedfertiger wie auch gewalttätiger Weise geprägt wird oder nicht doch sowohl Geschöpf als auch Gestalter seiner Umwelt sein kann. Setzt sich der Mensch nicht mit seiner Umwelt auseinander, wird zwar durch sie einerseits geprägt, aber wirkt er nicht ebenso aktiv auf sie ein, wie Hurrelmann und Bauer (2015) argumentieren. In diesem Sinne wäre friedfertiges und gewalttätiges Verhalten das gemeinsame Resultat der Interaktion von Mensch und Umwelt. Erziehung kann als Umweltfaktor friedensstiftend sein, wie Gogel hervorhebt. Die Erziehung zum Frieden geht davon aus, dass „menschliches Verhalten ebenso wie Einstellungen und Meinungen durch intentionale Erziehungs- und Bildungsprozesse positiv beeinflussbar sind, dass Friedensfähigkeit gelernt werden kann. Eine zweite Grundannahme beruht darauf, dass solche (Massen-) Lernprozesse dazu beitragen, Demokratien zu entwickeln, Feindbilder abzubauen, Gewalt als Handlungsoption abzulehnen und Konflikte konstruktiv auszutragen" (Gogel 2011, S. 150). Es geht daher, nach Hartmut von Hentig, im Lernprozess nicht darum, Konflikte abzuschaffen, was, ihm zufolge, ungesund und töricht wäre, sondern mit Konflikten zu leben und konstruktiv mit ihnen umzugehen (siehe Hentig 1967, S. 816 ff.). Ähnliche Gedanken entwickelt Kenneth Gergen, wenn er statiert: „Erziehung zur Konfliktfähigkeit wurde lange Zeit vernachlässigt, doch seit einiger Zeit erkennen Erzieher/innen zunehmend, wie wichtig es ist, bei Kindern und Jugendlichen diese Fähigkeiten zu erzeugen, um Spannungen und Auseinandersetzungen nicht nur im Mikrokosmos der Familie und Schule, sondern darüber hinaus in einem weiteren Kreis des Stadtviertels, der Gesellschaft und der Welt zu lösen. Die Philosophie des Konstruktivismus könnte dabei eine Hilfestellung sein, indem wir bei Konflikten die Annahmen über uns selbst und die Welt, in der wir wohnen, überdenken. Dieser Prozess beinhaltet zugleich eine Einladung zu neuen und anregenden Handlungsformen" (Gergen 2009; S. 4), die alternative Wege zu einer friedlichen Welt aufzeigen könnten.

Berühmte Persönlichkeiten in Wissenschaft und Kunst. Erziehung Politik und Religion legen großen Wert auf Friedenserziehung und heben immer wieder deren Bedeutung für einen globalen Frieden hervor. In Quote Master sind einige der Aussagen festgehalten worden:

Die Erzieherin Maria Montessori schreibt: „Establishing lasting peace is the work of education, all politics can do, is keep us out of war". Der Generalsekretär der Vereinten Nationen von 1997–2006 Kofi Annan statiert: „Education is quite simply peace by another name. It is the most effective form of defense." Der Schauspieler und Produzent Edward James Olmos vermerkt: „Education is the vaccine for crime". Nelson Mandela, der Aktivist gegen die Rassentrennung in Südafrika und erster schwarzer Präsident des Landes, stellt fest: „Education is the most powerful weapon which you can use to change the world". Konfuzius, der chinesische Lehrer, Philosoph und Politiker, der 500 Jahre vor

Christus tätig war, notiert: „Education breeds confidence, confidence breeds hope, hope breeds peace" (Quote Master k. D.). Die von verschiedenen Seiten betrachteten obigen Aussagen über Peace Education stimmen darin überein, dass Erziehung eine große Bedeutung in der Gesellschaft haben kann, denn sie kann gewaltpräventiv tätig sein und ist somit in der Lage, die effektivste Art der Verteidigung gegen kriegerische Auseinandersetzungen darzubieten. Peace Education kann die Hoffnung auf einen dauerhaften Frieden in der Welt erwecken.

Die meisten Kritiker der Peace Education kritisieren nicht die Idee der Friedenserziehung, denn sie inspiriert Hoffnung auf eine Transformation von gewaltsamen Handlungen hin zu Friedenszeiten und diese Hoffnung hegt auch die UN, doch der Kritikpunkt ist die Umsetzung. Heather Millhouse nennt drei Problemfelder: Erstens fehlt es an Beweisen („hard data"), die zeigen, dass Peace Education in der Praxis so effektiv wie gewünscht ist. Zweitens ist die Fokussierung in der Schule und an der Universität auf die dort vorherrschende Beziehungsstruktur begrenzt, ohne die weitergehende Umwelt einzubeziehen, d. h. sie lernen untereinander friedlich zu sein, aber beziehen nicht die größere Umwelt mit ein. Drittens richtet sich Peace Education nicht an den lokalen kulturellen Bedingungen aus, geschweige denn an den kulturellen Bedingungen der Weltbevölkerung. Sollten die eigenen kulturellen Vorstellungen auf andere Bevölkerungsschichten übertragen werden, wäre das ein gewisser Imperialismus in der Friedenserziehung und wäre von vornherein zum Scheitern verurteilt, denn andere Länder haben andere Lebenswelten, Denkweisen und Sitten, mit denen die Friedenserzieher sich zuerst einmal vertraut machen müssen, um erfolgversprechende Ergebnisse erzielen zu können (siehe Millhouse 2009, S. 2 ff.). Die Kritik ist nicht zwangsläufig negativ zu sehen, sondern scheint berechtigt und auch konstruktiv zu sein, indem die bisherige Friedenserziehung eine größere Umwelt einbeziehen sollte. Dieser Ausweitung sollten jedoch gleichzeitig nicht kolonisierende Tätigkeiten zugrunde liegen, indem darauf geachtet wird, die jeweilige Lebenswelt der Bevölkerung als Bezugspunkt der Friedenserzieher ins Auge zu fassen.

Literatur

BANDURA, ALBERT (1976). *Lernen am Modell.* Stuttgart.

BUBER, MARTIN (1995). *Ich und Du.* München.

Bundeszentrale für Gesundheit (2022). *Gesund bleiben – Prävention und Gesundheitsförderung* – vom 23. September 2022.

COLGAN, ANN-LOUISE et al. (2017). *Rethinking Conflict: Its Role in building Peace.* Online: https://www.usip.org/publications/2017/10/rethinking-conflict-its-role-building-peace (abgerufen am 20.01.2023).

Deutsche Gesellschaft für die Vereinten Nationen (2022). Jahresthema 2022: *Kultur und Frieden.* Online: https://dgvn.de/aktivitaeten/jahresthema-2022-kultur-des-friedens?pk_campaign=cpc&pk_kwd=frieden%20schaffen (abgerufen am 17.11.2022).

Duden Online (2022). *Umdenken.* Online: duden.de/suchen/duden-online/umdenken (abgerufen am 16.11.2022.

ETH (2006). *Zivile Friedensförderung als Tätigkeit der Aussenpolitik.* Online: https://css.ethz.ch/content/dam/ethz/special-interest/gess/cis/center-for-securities-studies/pdfs/Zivile-Friedensfoerderung.pdf (abgerufen am 15.11.2022).

Friedensbildung Aktuell (2018). *Merkblatt positiver und negativer Frieden nach Johan Galtung.* Online: https://www.friedensbildung-bw.de/fileadmin/friedensbildung-bw/redaktion/bilder/Friedensbildung_AKTUELL/FriBi_AKTUELL_Demokratie_Frieden-Merkblaetter_Galtung.pdf (abgerufen am 16.11.2022).

Friedensförderung und Gewaltprävention neu gedacht. Ein Gastkommentar (2020). In: *Wiener Zeitung* vom 12.10.2020.

FROMM, ERICH (1981). *Werke.* Stuttgart.

GALTUNG, JOHAN (2013). *Frieden mit friedlichen Mitteln, Friede und Konflikt. Entwicklung und Kultur.* Heidelberg.

GERGEN, KENNETH (2009). *Einführung in den sozialen Konstruktivismus.* Baden-Baden.

GOGEL, GÜNTER (2011). Friedenserziehung. In *Handbuch Frieden* (Hrsg. H. Gießmann und B. Rinke), S. 149–159. Wiesbaden.

Hentig von, Hartmut (1967). Erziehung zum Frieden. In *Merkur*, 21, 234, S. 816–833.

Hurrelmann, Klaus und Bauer, Ulrich (2015). *Einführung in die Sozialisationstheorie*. Weinheim.

Küng, Hans und Senghaas, Dieter (Hrsg.) (2003). *Friedenspolitik*. München.

Leitner, Barbara (2020). Gewaltfreie Kommunikation – gute Idee, wenig Wirkung. In: *SWR2* vom 3.01.2020 um 15.37 Uhr.

Lenartowicz, Magda (2020). Präventivmaßnahmen. In: *MSD Manual* – Ausgabe für Patienten von Oktober 2020).

Millhouse, Heather (2009). The Place of Peace. In: *South Asian Journal of Peacebuilding*, Vol. 2, Nr. 1, S. 2 ff.

Oxford, L. Rebecca (Hg). (2013). *The Language of Peace: communicating to create Harmony*. Charlotte, NC.

Pax Christi (2016). *Gerechter Frieden durch gewaltfreie Aktionen*. Online: https://www.paxchristi.de/meldungen/view/5847152387424256/Gerechter%20Frieden%20durch%20gewaltfreie%20Aktionen (abgerufen am 30.12.2022).

Quote Master (k. D.). *Quotes about peace education*. Online: https://www.quotemaster.org/peace+education (abgerufen am 31.12.2022).

Rosenberg, Marshall (2006), *Die Sprache des Friedens sprechen*. Paderborn.

Rosenberg, Marshall (2013). *Gewaltfreie Kommunikation: Eine Sprache des Friedens*. Paderborn.

Vereinte Nationen – Generalversammlung (1948). *Dritte Tagung. Allgemeine Erklärung der Menschenrechte, 217 A (III)*. New York.

Wikibooks (2016). *Peacebuilding Manual. Key Principles for building peace*. Online: htttps://en.wikibooks.org/wiki/peacebuilding_manual/key_principles-for-building-peace (abgerufen am 30.12.2022).

12 Die große Kunst der Diplomatie bei Friedensverhandlungen und die noch größere Kunst der Kriegsprophylaxe

Beendigung der kriegerischen Auseinandersetzungen mithilfe von Verhandlungen

Weiter oben wurde bereits erörtert, wie signifikant es ist, Kriege zu vermeiden (siehe Gewaltprävention, Friedensarbeit) und gegen Ende des Kapitels soll auch noch auf eine weitere Möglichkeit, Kriege zu verhindern, eingegangen werden, nämlich auf die präventive Diplomatie, denn, wie die Arbeit immer wieder zeigte, sind Kriege ein Desaster für die Menschheit, die unbedingt vermieden werden müssen, denn sie verbreiten Angst, Unsicherheit und Schrecken, tragen zu zahllosen Verwundeten und Toten bei, sowie verwüsten ganze Landstriche. Außerdem schwächen sie das globale Wirtschaftswachstum, heizen die Inflation und führen zu weltweiten Versorgungsengpässen. Konnte jedoch ein Krieg nicht verhindert werden und man befindet sich bereits In kriegerischen Auseinandersetzungen, dann ist es von vordringlicher Wichtigkeit, erfolgreiche Verhandlungen zu führen. um Kriege so schnell wie möglich zu beenden.

Was liegt dem Begriff Verhandlung zugrunde? Verhandeln ist nicht nur ein Begriff, der in Kriegen seine Anwendung findet, sondern ebenso im Alltag. In der alltäglichen Welt kommt es ständig zu Verhandlungen über alle möglichen Sachen. In der Familie wird über Aufgabenverteilung verhandelt, über längere Ausganszeiten für Kinder, im Berufsleben wird über Arbeitsverträge verhandelt, beim Autokauf oder Hauskauf über den Preis, wobei man immer das Beste für sich rausholen will. Zunächst einmal soll der Begriff Verhandlung, zu denen Menschen in diversen Lebenslagen einzutreten bereit sind, näher erläutert werden, bevor er auf die Kriegslage übertragen werden soll.

Nach Mai ist „eine Verhandlung eine kontroverse Gesprächsform, bei der zwei oder mehrere Parteien versuchen, eine einvernehmliche Vereinbarung über die Bedingungen oder den Preis einer Transaktion zu finden. Bei der Verhandlung treffen zunächst gegensätzliche Interessen und Motive aufeinander, die im Verlauf der Diskussion ausgeglichen werden [sollen]. Ziel ist ein Abkommen, mit dem alle Beteiligten am Ende einverstanden sind" (Mai 2022). Eine sinnvolle Verhandlung sieht Mareike Fährmann darin, Verhandlungsbereitschaft zu zeigen und Kompromisse einzugehen. „Verhandlungsbereitschaft bedeutet, Kompromisse einkalkuliert zu haben und den Willen aufzubringen, sich auf den anderen zuzubewegen. Gelingendes Verhandeln endet mit einem Gewinn für beide" (Fährmann k. D.). Verhandlungen können einen schnellen Fortgang nehmen, wenn die Verhandlungspartner sich aufeinander zubewegen oder sich hinschleppen, wenn keine Partei ein Zugeständnis machen will. Auf den Krieg bezogen, besteht bei der überwiegenden Zivilbevölkerung, nicht selten auch bei den kämpfenden Soldaten, das sehnende Verlangen nach Frieden und somit nach erfolgreichen Friedensverhandlungen, doch zumeist fehlt, insbesondere zu Beginn des Krieges, die Friedensbereitschaft oder die Willigkeit bei den Politikern und Militärbefehlshabern, sich auf einen Friedenspakt zu einigen, da sie der Meinung sind, obsiegen zu können.

Weiter oben wurde bereits dargelegt, dass Frieden nicht durch vermehrte Waffen hergestellt werden kann, sondern im Gegenteil immer mehr Waffen zu mehr Toten und Verletzten und zur Zerstörung und Verwüstung auf beiden Seiten führen. Darüber hinaus setzt sich zunehmend auch die Erkenntnis durch, dass sich mit der sich im Krieg entwickelten gegenseitigen Zerstörungswut die Aggressionsneigungen auf beiden Seiten vermehren. Die Folge ist eine nicht zu stoppende Spirale der Gewalt, durch welche die Abstände zwischen den Gewalttätigkeiten immer kürzer werden und die Intensitäten der Kämpfe stetig zunehmen. Aus der Kriegsgeschichte wird deutlich, dass erst wenn es zu einer militärischen Ressourcenknappheit und nach langen kriegerischen Auseinandersetzungen zu Ermüdungserscheinungen kommen sollte, vielleicht der Verhandlungsweg aufgesucht wird. Beispielhaft dafür ist der dreißigjährige Krieg. Die allgemeine Erkenntnis setzte sich bei den Kriegsgegnern nach über zwanzig Jahren durch, die Waffen schweigen zu lassen und Verhandlungen über einen möglichen Frieden einzuleiten. Es ist kaum nachzuvollziehen, wie lange die Menschen die furchtbaren kriegerischen Ereignisse durchhalten mussten und sie in ihrer glühenden Sehnsucht nach Frieden auf das Kriegsende ungeduldig warten mussten. Nur wer diese Sehnsucht kennt, weiß, wie die Menschen bis zu einem Waffenstillstand gelitten haben.

Es stellt sich nunmehr die Frage, wie, wann und wodurch kontroverse Gesprächsformen in Gang gebracht werden können und wodurch eine für beide Seiten einvernehmliche Vereinbarung erreicht werden kann. Zweifelsohne muss sich zunächst einmal vor Verhandlungsgesprächen die Erkenntnis bei den Gegnern durchsetzen, dass ein Sieg der einen oder anderen Partei mit militärischen Mitteln nicht möglich ist und andere Lösungswege in Erwägung gezogen werden müssen. D. h. die Parteien müssen offen für eine Verhandlungslösung sein. Die Verhandlungsbereitschaft muss über die Kriegsbereitschaft siegen. Dann erst kann der diplomatische Weg eingeschlagen werden.

Der Verlauf jeder Verhandlung basiert auf existierenden Gegensätzen der Parteien. Da sich während des Krieges die krassen Gegensätze immer deutlicher zeigen, muss nunmehr bei Verhandlungen versucht werden, diese zu überbrücken. Es beginnt damit, „Forderungen zu stellen, die von den beteiligten Parteien aufgenommen werden und zu entsprechenden Reaktionen führen. Es wird zu zeigen sein, dass unterschiedliche Arten von Konflikten auch verschiedene Konfliktbewältigungsstrategien erfordern" (Pfetsch 2006, S. 27). Während eines andauernden Krieges können zu Beginn der Friedensverhandlungen die Konfliktgespräche sehr emotional werden und es kann nicht selten zu Wutausbrüchen kommen, doch es sollte versucht werden, sachlich zu argumentieren, und die sichtbaren Konflikte systematisch zu analysieren. Bei einer Konflikt-Komplexität wäre es vielleicht sinnvoll, einen übergeordneten Vermittler, möglicherweise die UN, einzuschalten. Sie könnte bei Konfliktlösungen oder bei Friedensvereinbarungen den Parteien hilfreich zur Seite stehen. „Insofern spricht viel für eine Kombination von Verhandlungen und Vereinbarungen mit Methoden der Mediation, eines vertrauensbildenden Lernens und dem Umgang mit den tieferliegenden Ursachen des Konflikts zwischen den Parteien" (Gießmann und Schäfer 2019, S. 216). Ein Vermittler mit Talent und Geschicklichkeiten muss gefunden werden, der in der Lage ist, zwischen den Parteien zu schlichten, um den kriegerischen Handlungen ein Ende zu setzen. Allerdings ist Voraussetzung, dass beide Parteien dies auch wollen. Es scheint immer ein schwieriger und oft langwieriger Prozess zu sein, solch einen Vermittler zu finden, denn er muss von beiden Seiten als neutraler Schlichter anerkannt werden. Sollte er schließlich gefunden werden, dann besteht seine Aufgabe darin, auf die verschiedenen Forderungen der Parteien einzugehen und zu sehen, wie und in welcher Weise er eine Lösung herbeiführen könnte. Da sich die Parteien in einer Dialektik der Gegensätze befinden, muss der Schlichter sehen, wie er auf eine Synthese zusteuern kann. Diese zu finden, scheint eine sehr schwierige, aber nachdrücklich zu führende Verhandlung zu sein, wobei auf die Interessen der Gegner eingegangen und deren Taktiken nachvollzogen werden können. Nicht jeder Mediator ist dieser Aufgabe gewachsen, denn es bedarf eines Einfühlungsvermögens, großen Scharfsinns und eines schöpferischen Geistes.

Weise Verhandlungen

Der Förderverein Berghof Peace Education (2022) geht in seiner Veranschaulichung eines weisen Streitschlichters auf drei Phasen des Schlichtungsprozesses ein. In der ersten Phase führt der Vermittler die Grundregeln für die Schlichtung ein, die hauptsächlich darin bestehen, dass man sich gegenseitig zuhört und jeder ungestört ausreden darf. In der zweiten Phase schildert jede Partei den Konflikt aus ihrer Sichtweise. Der Schlichter muss darauf achten, dass jede Partei gleichberechtigt zu Wort kommt. In der Folgezeit werden die Argumente ausgetauscht und das eine oder andere Argument wird hinterfragt und nochmals den Parteien zur Überarbeitung empfohlen, damit sie sich möglicherweise eine neue Sichtweise aneignen können. Der Vermittler, dessen Vermittlung als eine Kunst betrachtet werden kann, mag hoffentlich schöpferische Fähigkeiten besitzen und kreative Wege zur Herstellung eines Friedens finden. In der dritten Phase geht es darum, schließlich eine gemeinsame Lösung zu finden, die alle Parteien zufriedenstellt und dann rechtsverbindlich wird.

Im Vergleich zum Förderverein Berghof Peace Education zeigt Reiss (2010) auch noch die zwei Phasen vor der Schlichtung auf. Die erste Phase ist die, dass zunächst gegenseitige Kontakte vermieden werden, die zweite Phase geht auf die Geheimverhandlungen ein, die vor den formalen Verhandlungen geführt werden. Was die erste Phase anbetrifft, so wollen die Kriegsparteien keine gegenseitigen Kontakte aufnehmen oder in irgendwelche Verhandlungen eintreten, solange sie noch an den Sieg glauben. Sollten jedoch beide Seiten, insbesondere wenn es zu einem Stellungskrieg (stalemate) kommen sollte, nicht länger mehr an einen glorreichen und überwältigenden Sieg glauben, dann könnte der Verhandlungsweg eröffnet werden. Zartman (2003) argumentiert wie folgt: „If one or more parties expect that victory is around the corner, there is little room for compromise. However, if none of the parties anticipate advancing militarily and the continuation of conflict is costly to all, a mutually hurting stalemate emerge, which paves the way for negotiations" (Zartman 2003, S. 8 f.). Was die zweite Phase anbetrifft, so gehen oft „secret or backchannel talks" (Geheimverhandlungen) formalen Verhandlungen voraus, obwohl nicht darüber gesprochen wird oder sogar eventuelle Geheimverhandlungen der Kriegsparteien geleugnet werden, wie dies z. B. bei den kriegerischen Auseinandersetzungen zwischen England und der IRA der Fall war. Damals machte der englische Premier Major während des andauernden Krieges deutlich, er werde niemals mit der terroristischen IRA, die er als das Böse kennzeichnete, verhandeln und nach einigen Jahren wurde die Lüge des Politikers von den Medien aufgedeckt (siehe Reiss 2010, S. 70).

Die Voraussetzung, dass es bei den Geheimverhandlungen zu einem formalen Schlichtungsverfahren kommen kann, ist die gegenseitige Anerkennung, wie Bayer (2010) dies formuliert: „Recognition of the other is an important milestone in relations" (Bayer 2010, S. 536). Sollte dies nicht der Fall sein, dann bahnt sich keine Versöhnung und keine Schlichtung an: „when the two sides do not recognize each other's existence, reconciliation is clearly not part of the future" (ebenda).

Selbst wenn eine gegenseitige Anerkennung schließlich erfolgen sollte, kann es Tage, Wochen, Monate, ja sogar Jahre dauern, bis ein Friedensabkommen erzielt werden kann. Ein für alle Parteien einvernehmliches Abkommen verlangt eine Menge Geduld. Diese bestimmte Tugend ermöglicht es einer Verhandlungspartei, noch nicht erfüllte Vorstellungen einer Schlichtung für eine bestimmte Zeit zurückzustellen. Darüber hinaus ist nicht nur Geduld und ein guter Wille, sondern auch kommunikative Geschicklichkeit (communicative skills – siehe Shankar 2022) gefragt, denn ihr liegt Kontakt- und

Überzeugungskraft zugrunde. Wie könnte solch ein vertrauensvoller und beide Parteien wertschätzender Kompromiss aussehen? Er könnte „durch gegenseitige freiwillige Übereinkunft, unter beiderseitigem Verzicht auf Teile der jeweils gestellten Forderungen [möglich werden]. Die Verhandlungspartner gehen aufeinander zu. Sie verlassen die eigene Position und bewegen sich auf eine neue gemeinsame Position hin. Ziel ist ein gemeinsames Ergebnis, auf das sie sich einigen. Der Kompromiss ist eine vernünftige Art, widersprüchliche Interessen auszugleichen (Dissens-Management)" (Wikipedia – die freie Enzyklopädie 2022). Die gemeinsame Lösung sollte eine „win-win" Situation für beide Parteien sein. Keine Partei sollte den Kürzeren ziehen oder anders ausgedrückt, es soll sich der Stärkere nicht gegenüber dem Schwächeren durchsetzen.

Die meisten Konflikte werden jedoch leider nicht nach diesem Lösungsmuster zum Abschluss gebracht. Eine rühmliche Ausnahme war der dreißigjährige Krieg, der weiter unten erörtert werden soll. „Die Vergangenheit von Kriegsbedingungen ist vielmehr gezeichnet durch Eroberungen und Kapitulationen, durch aufgezwungene Verhandlungen oder gar durch Verhandlungen allein zwischen den Siegern zu Lasten und ohne Beteiligung der besiegten Parteien" (Gießmann und Schäfer 2019, Zusammenfassung), was sich im ersten und zweiten Weltkrieg manifestierte. Im Folgenden soll der Münster Friedensvertrag, der das Ende des dreißigjährigen Krieges einleitete und als eine „win-win" Situation für die beteiligten Parteien bezeichnet werden kann, dem Versailler Vertrag, der eine win-lose Situation beinhaltete, gegenübergestellt werden.

Verhandlung auf Augenhöhe im Münster Vertrag (1648) im Vergleich zum Diktat der Siegermächte im Versailler Vertrag (1919)

Weiter oben wurden die Schrecken der diversen Kriege aufgeführt, u. a. auch einige der entsetzlichsten Gräueltaten des Dreißigjährigen Krieges. Im Gegensatz dazu steht die herausragende und viel gepriesene westfälische Friedensordnung. Diese beruht auf mehreren Friedensverträgen, die von Mai bis Oktober in Münster und Osnabrück ausgehandelt wurden. Schon im Jahre 1640, also acht Jahre vor dem Friedensvertrag, waren die Kriegsparteien bereit, über einen Frieden zu verhandeln. „1643 endlich kamen Gesandte aus den kriegsführenden Ländern in Münster und Osnabrück zusammen, um einen Frieden auszuhandeln. Doch die Bedingungen waren denkbar ungünstig: Gesandte vieler Nationalitäten saßen zusammen, es musste eine gemeinsame Sprache gefunden werden – und zwar über die Mediatoren, die alles übersetzten und dann weitergaben" (Basting k. D.). Doch es gelang den kriegsführenden Parteien territoriale Streitfragen, Fragen der Souveränität und auch religiöse Streitfragen zwischen Katholiken und Protestanten zu klären. Europa entwickelte eine Rechtsordnung, die auf Vereinbarung und Völkerrecht basierte und gleichberechtigte Staaten hervorbrachte.

„Im Rahmen des Westfälischen Friedens werden die rechtliche Ordnung und die neuen politischen Kommunikationsformen des europäischen Mächtesystems ausgehandelt. Letzteres wird nicht mehr als universelle Hierarchie ungleicher Herrschaftsträger unter Papst und Kaiser, sondern als Gemeinschaft prinzipiell gleichberechtigter, unabhängiger, souveräner Staaten definiert" (Stollberg-Rillinger 2003). Mit diesem Vertrag kam es zu der großen Wende von der Ungleichheit zur Gleichheit, von der Dominanz/Unterwürfigkeit zur Gleichberechtigung, von der Abhängigkeit zur Souveränität. „Dem großen Krieg folgte ein großer Friede, denn zum ersten Mal hatten die Regierungen die Kunst des Friedensschließens gelernt und die europäischen Streitfragen gelöst. Es entstand eine neue Epoche der Diplomatie" (Basting k. D,). Die Verhandlungen brachten ein neues Europa hervor und sie zeigten den nachfolgenden Generationen, was alles möglich werden kann und wie durch Diplomatie Kriege zum Nutzen aller wirksam beendet werden können.

Der Gegensatz zum Westfälischen Frieden, bei welchem alle beteiligten Parteien untereinander verhandelten, war der Versailler Vertrag, der 1919 den Krieg zwischen Deutschland und seinen Verbündeten gegen Frankreich, Großbritannien, die Vereinigten Staaten und ihre Verbündeten zum Abschluss brachte, das krasse Gegenteil. Hier verhandelten nur die Siegermächte, die den Verlierern den von ihnen ausgearbeiteten Vertrag aufgezwungen haben. Sie verlangten ultimativ die Unterzeichnung der Verlierer. Sollten diese die Unterschrift verweigern, würden die Sieger-Truppen nach Deutschland einrücken lassen. Die Verpflichtung zu Gebietsabtretungen, zur Abrüstung und zu Reparationszahlungen an die Siegermächte wurde von vielen Deutschen als demütigendes Diktat empfunden. „In der deutschen Öffentlichkeit und in weiten Kreisen der deutschen Politik galt der Versailler Vertrag als ‚Schandfrieden', ‚Friedensdiktat' oder ‚Diktat von Versailles' und wurde als nationale Demütigung aufgefasst" (Lern Hilfe 2022).

Der Versailler Vertrag „ließ Prinzipien erfolgreicher Friedensschlüsse außer Acht, wie sie in Münster und Osnabrück 1648, in Wien 1815, in Paris 1856 und in Berlin 1878 praktiziert wurden, aber auch schon in der Antike bekannt gewesen waren: Amnestie und Vergessen der Gräuel des Krieges, Anerkennung des Feindes als Verhandlungspartner und der Wille zum konstruktiven Neubeginn in einer neuen Ordnung. Auch dass die neu in einen Friedensvertrag aufgenommene Schuldbezichtigung in den Kolonialverträgen etabliert worden war, wirft ein bezeichnendes Licht auf den Versailler Vertrag und den Umgang zwischen Siegern und Verlierern in Europa" (Hoeres 2019). Die Motive der Rache und des Hasses manifestierten sich insbesondere bei Frankreich, das sich für die Niederlage gegen Deutschland 1870/1871 revanchieren wollte. Die Siegermächte dominierten im Versailler Vertrag über die Deutschen, statt, wie im Westfälischen Frieden, alle Staaten als gleichberechtigte Partner in den Friedensschluss einzubeziehen. Das Nicht-Vergessen-Können der Schandtaten trug dazu bei, dass der Friedensschluss ein Straffrieden für Deutschland wurde und die Demütigung der Deutschen war wiederum der Ausgangspunkt der nationalsozialistischen Bewegung, Deutschland zu neuen Höhen zu führen. Die Folgejahre nach dem Versailler Vertrag demonstrieren, welche Bedeutung ein Friedensabkommen haben kann. Es kann auf einen längerfristigen Frieden hinarbeiten, wie dies im westfälischen Abkommen der Fall war, wo alle Parteien sich danach zufrieden und zuversichtlich zeigten oder Unzufriedenheit, Wut und Grimm auslösen, wie dies beim Versailler Vertrag der Fall war. Dann kann es neuen Sprengstoff für die Zukunft liefern und einen weiteren, noch verheerenderen Krieg verursachen, wie sich das zwanzig Jahre später durch den Ausbruch des Zweiten Weltkriegs offenbarte.

Präventive Diplomatie

Theodor Schaarschmidt kritisiert zurecht, dass während des Ukraine Kriegs viel über Kriegsführung, Kriegsgräuel, Kriegsverbrechen, Kriegsschäden und Kriegspropaganda gesprochen wird, doch wenig über Frieden, obwohl es ja internationale, auf Frieden ausgerichtete Einrichtungen gibt. „Yet we actually have institutions with precisely this goal: OSCE, the UN Security Council and others. But the international system that is supposed to enable diplomatic work is clearly no longer functioning“ (Schaarschmidt 2022). Das Problem ist nicht nur, dass die internationalen Einrichtungen nicht während des Krieges zum Frieden beitragen können, sondern es fehlte schon im Vorfeld des Krieges die überaus wichtige und äußerst sinnvolle präventive Diplomatie. „Diplomates can't wait for the sky to fall“ ist die Antwort auf die fehlende präventive Diplomatie internationaler Institutionen (siehe Crocker 2022), denn wenn sie funktionieren soll, dann schauen die Diplomaten nach vorne, explorieren bestimmte Tendenzen, erkennen gewisse Warnzeichen und machen sich daran, schwierige und ungelöste Probleme zu entwirren. „Diplomacy is about building relationships, institutions and norms and then sustaining them“ (Croker 2022, 17.02). Croker zeigt am Beispiel des Ukraine Kriegs die diplomatischen Fehler, die im Vorfeld begangen wurden, denn als die Sowjetunion auseinanderbrach und der Warschauer Pakt, der den osteuropäischen Staaten Sicherheit gewährte, aufgelöst wurde, entstand ein Vakuum und es wurden keine neuen bedeutenden Sicherheitsstrukturen entwickelt, sodass die Nato in die meisten der früheren Ostblockstaaten expandieren konnte und sie begeisterte Anhänger des westlichen Sicherheitssystem wurden. Es kam nie zu einer politischen Übereinkunft über das postsowjetische Gebiet. Die Ukraine wurde 2010 noch nicht in die Nato aufgenommen, da sie für viele Natomitglieder zu korrupt war und sie zunächst soziale Reformen einleiten sollte. Seit 1999 traten Polen, Tschechien, Ungarn, Bulgarien, Estland, Lettland, Litauen, Rumänien, Slowakei, Kroatien, Montenegro und Nordmazedonien der Nato bei. 2023 wurde Finnland in die Nato aufgenommen. All diese Staaten befinden sich in der Nähe Russlands oder grenzen gar an Russland an, liegen also im geopolitischen Vorhof Russlands.

Bei der geplanten Osterweiterung der Nato warnte der damalige Präsident Jelzin den amerikanischen Präsidenten Clinton, er würde niemals zustimmen, dass die Nato ihre expansive Politik bis an die russische Grenze ausweitet, weil dieses Vorgehen ein Verrat am russischen Volk wäre. Selbst amerikanische Diplomaten brachten ihre Vorbehalte zur Nato-Osterweiterung zum Ausdruck. So schreibt z. B. der amerikanische Diplomat und Historiker George F. Kennan: „The view, bluntly stated, is that expanding Nato would be the most fateful error of American policy in the entire post-cold-war era. Such a decision may be expected to inflame the nationalistic, anti-Western and militaristic tendencies in Russian opinion“ (Kennan 1997). Diese Voraussage bewahrheitete sich, denn als Putin an die Macht kam, entflammte der leidenschaftliche, nationalistische Zorn gegen die USA und ihre Verbündeten, denn die Nato expandierte bis an die russische Grenze und die Versicherung der Nato, Russland nicht zu bedrohen, blieb für Putin ohne Bedeutung. Er wollte sich nicht mit leeren Worten abspeisen lassen. Olof Palme hat einmal das Prinzip gemeinsamer Sicherheit auf den Punkt gebracht, wenn er die Meinung äußerte, dass sich kein Staat sicher sein kann, wenn sein Nachbar nicht denselben Grad an Sicherheit habe. Ludger Volmer von den Grünen hat bereits vor 25 Jahren davor gewarnt, Russland aus der europäischen Sicherheitspolitik auszuschließen, sondern im Gegenteil sollte, statt der Nato-Erweiterung, eine gemeinsame Sicherheit auf der Grundlage der Kooperation und Partnerschaft für das 21. Jahrhundert geschaffen werden. Das Ziel sollte sein, Sicherheit <u>mit</u> Russland und nicht Sicherheit <u>vor</u> Russland in die Wege zu leiten (Volmer 2022).

Die Ausweitung der Nato an die russische Grenze war reiner Wahnsinn und sie hat die Beziehung Russlands zum Westen vergiftet. Es war abzusehen, dass Konfrontationen zwischen der Nato und Russland nur eine Frage der Zeit sein würden. Und so kam es, wie es nach dem Fehler der USA, der „epische Ausmaße“ (Carpenter 2022) annahm, kommen musste. Wir müssen jetzt durch den Ukraine Krieg „den Preis für die Arroganz der USA“ zahlen (ebenda). Tausende und abertausende Menschen werden verwundet, verlieren ihr Leben, ihr Hab und Gut, Millionen migrieren innerhalb des Landes von einer Stelle zur anderen oder migrieren gar ins Ausland. Das viele Blutvergießen und die Zerstörung der Lebensgrundlage hätte mit einer präventiven Diplomatie in den neunziger Jahren des letzten Jahrhunderts verhindert werden können, wenn Russland in die europäischen Sicherheitsstrukturen eingebunden oder eine gemeinsame Sicherheit mit Russland zusammen entworfen worden wäre. Das geschah nicht, weil die USA die Weltmacht Nummer eins sein wollte und nicht willens war, mit Russland auf Augenhöhe zu sein. Dieser Fehlschritt kann als eine vertane Chance der präventiven, kriegsvermeidenden Diplomatie betrachtet werden.

Literatur

Basting, Horst (k. D.). *Der Westfälische Friede*. Online: https://www.planetwissen.de/geschichte/neuzeit/der_dreissigjaehrige_krieg/westfaelischer-friede-102.html (abgerufen am 30.11. 2022).

Bayer, R. (2010). Peaceful Transitions and Democracy. In: *Journal of Peace Research* 47, 5, S. 535–546.

Carpenter, T. G. (2022). Washingtons Umgang mit Russland war ein politischer Fehler epischen Ausmaßes. In: *Der Freitag*, 07.03.2022.

Croker, Chester (2022). Diplomates can't wait for the sky to fall – foreign Policy. In: *FP News* – 17.02.2022.

Fährmann, Mareike (k. D.). *Verhandeln im Alltag*. Online: https://www.supervision-plauen.de/neuigkeiten/verhandeln-im-alltag/ (abgerufen am 23.11.2022).

Förderverein Berghof Peace Education (2022). *Was sind Streitschlichter?* Online: https://www.frieden-fragen.de/entdecken/streit/was-sind-streitschlichter.html (abgerufen am 21.11.2022).

Gießmann, Hans und Schäfer, Paul (2019). Friedensverhandlungen und Friedensverträge. In: *Handbuch Frieden*. Wiesbaden.

Hoeres, Peter (2019). *Versailler Vertrag: Ein Frieden, der kein Frieden war.* Online: https://www.bpb.de/shop/zeitschriften/apuz/288788/versailler-vertrag-ein-frieden-der-kein-frieden-war (abgerufen am 25.11.2022).

Kennan, George F. (1997). A fateful error. In: *New York Times* – 08.02.1997.

Lern Hilfe (2022). *Versailler Vertrag – Friede ohne Versöhnung*. Online: https://www.lernhelfer.de/schuelerlexikon/geschichte/artikel/versailler-vertrag-friede-ohne-versoehnung (abgerufen am 24.11.2022).

Mai, Jochen (2022). *Verhandlungsformen: Die Kunst der Verhandlung.* Online: karrierebibel.de/Verhandlung (abgerufen am 20.11.2022).

Pfetsch, Frank (2006). *Verhandeln in Konflikten*. Wiesbaden.

Reiss, M. B. (2010). *Negotiating with Evil. When to talk to Terrorists.* New York.

Schaarschmidt, Theodor (2022). How do we end wars? A Peace Researcher puts forward, In: *Scientific American*, 18.03.2022.

Shankar, Gurudev (2022). *Win War with Peace.* Online: https://www.srisr-iravishanker.org/blog/peace/win-war-with-peace (abgerufen am 2.01.2023).

Sollberg-Rillinger, Barbara (2003). *Politische Ereignisse und Entwicklungen.* 3.4. Westfälischer Friede und die Institutionalisierung der Staatensysteme. Online: https://www.uni-muenster.de/FNZ-Online/politstrukturen/dreikrieg/unterpunkte/wf.htm (abgerufen am 23.11.2022).

Vollmer, Ludger (2022). Warnung vor Nato-Osterweiterung. In: *Karenina Petersburger Dialog*. Online: https://twitter.com/intent/tweet?text=https://www.karenina.de/russland/nato/warnung-vor-nato-osterweiterung/ (abgerufen am 28.11. 2022).

Wikipedia – die freie Enzyklopädie (2022). *Kompromiss*. Online: https://de.wikipedia.org/wiki/Kompromiss (abgerufen am 21.11.2022).

Zartman, I. W. (2003), The Timing of Peace Initiatives: Hurting Stalemates and ripe Moments. In: *The global Review of Ethnopolitics* 1, 1, S. 8–18.

Zusammenfassung und Schlussfolgerungen

In der drei Teile umfassenden Arbeit wurde zunächst auf die Schreckensherrschaft des Krieges eingegangen, denn es ist kaum zu glauben, welche entsetzliche Taten der Mensch im Kriegszustand begehen kann. Das Menschliche, Allzumenschliche ist verschwunden, die menschlichen Züge und Gefühle sind verlorengegangen. Er wird unempfindlich, abgestumpft, brutal und bestialisch. Viele Wissenschaftler, so auch einer der größten Wissenschaftler Albert Einstein, trat in seiner völligen Verzweiflung, dieses kriegerische Phänomen des grausamen Soldaten nicht erklären zu können, an Freud heran, um ihm in seiner Erklärungsnot zu helfen. Dieses hohe Aggressionspotenzial des Menschen kann, so die tiefenpsychologische Deutung nur aus dem Menschen selbst heraus begründet werden. Bietet sich dann, wie am Beispiel Krieg, der psychoanalytischen Theorie zufolge, die Möglichkeit, den Aggressionstrieb auszuleben, dann kommt es zu dieser ungehemmten Zerstörungswut. Zweifelsohne ist eine berechtigte Frage, inwieweit nicht auch politische und sozioökonomische Verhältnisse die Aggresssionsbereitschaft mindern oder vermehren können, mindern dann, wenn z. B. die menschliche Versorgung sichergestellt ist, die Menschen ihre vitalen Bedürfnisse befriedigen und sie ihre Fähigkeiten verwirklichen können, vermehren, wenn das Gegenteil der Fall ist.

In einer christlichen Kultur werden aggressive Handlungen des Menschen auf die universale „Sünde“ zurückgeführt. Im Alten Testament wird viel über die aggressiven Neigungen der Menschen und Völker untereinander berichtet – von Kains Mord an seinem Bruder Abel bis hin zu Judit, die dem Feind den Kopf abschlug. Hält jedoch die Kultur zu Friedenszeiten den Menschen noch mithilfe der Sozialisation kultureller Werte in Schach, so verändert der Krieg den Menschen. Wenn er zum Krieger wird, dann wird er einer Gegen-Sozialisation zur bisherigen Sozialisation unterworfen und diese macht aus dem zumeist noch einigermaßen tugendhaften Bürger einen Unmenschen. Er sieht nunmehr seine Mitmenschen als Fremde und Feinde, die bekämpft und vernichtet werden müssen. War bislang das Töten anderer ein Verbrechen, das mit hohen Gefängnisstrafen geahndet wurde, wird es im Krieg ins Gegenteil verkehrt. Der Tötende wird zum Helden und je mehr er tötet, desto ruhmreicher wird er. So war es, um nur ein Beispiel zu nennen, im Vietnam-Krieg, in welchem das „Body-Counting" (das Zählen der getöteten Körper) sehr weit verbreitet war und derjenige Soldat, der am meisten tötete, wurde für seine Schussfähigkeit und Tapferkeit ausgezeichnet. Oft ist es jedoch auch so, dass ein Land im Kriege die Zahl der gefallenen Soldaten des Gegners übertreibt, um sich auf diese Weise den Vorteil der Übermacht verschaffen zu wollen. Nur wenn der andere Mensch oder ein anderes Volk als bitterster und schlimmster Feind konstruiert wird, können solchen schlimmsten Feinseligkeiten Tür und Tor geöffnet werden

Im zweiten Teil wurden die absurden Vorstellungen über den Krieg dargelegt. Es herrscht erstens immer noch die Idee vor, dass ein Waffenstillstand und der begehrte Friede nur hergestellt werden können, wenn jede Partei so viel Waffen, wie nur möglich besitzt und auf jeden Fall mehr und wirksamere als die andere Seite zur Verfügung hat. Nach dem Ausbruch des Ukraine Krieges kamen die Politiker Europas immer mehr zu der Überzeugung, dass nur die modernsten Waffen Europa Schutz gegen Russland gewähren, also in die durch Waffen garantierende Sicherheit investiert werden müsse, um Freiheit und Demokratie zu schützen. Aus diesem Grunde sind die Militärausgaben in Europa so stark gestiegen, wie zuletzt während des Kalten Krieges. Ist eine solche Logik nicht bedenklich, die darauf baut, mithilfe von abschreckenden Waffen, Freiheit und Demokratie zu sichern? Es führt kein Weg dran vorbei, die Rüstungsfirmen als sozial schädlich einzustufen und den Vorstößen ihrerseits, sie als sozial nachhaltig einzuordnen, weil sie dem Volke Sicherheit auf Dauer zu gewähren vermögen, entschieden entgegenzutreten. Es stellt sich die Frage, wie menschen- und umweltzerstörerische Waffensysteme nachhaltig und ökologisch sein können.

Der zweiten Absurdität liegt die weit verbreitete Konzeption zugrunde, ein Krieg sei dann gerecht, wenn er gerechtfertigt werden könne. Aber da sich jeder Krieg in irgendeiner Weise rechtfertigen lässt, klingt es absurd, solch eine Theorie als Maßstab für notwendig, richtig und gut anzusetzen. Im Vietnam-Konflikt wurde der Krieg durch die anscheinende Bedrohung des

Kommunismus gerechtfertigt. Mithilfe dieser Begründung wurde der Krieg als Verteidigungskrieg bezeichnet. Im Zweiten Weltkrieg sollen die Polen zuerst geschossen haben und die Deutschen hätten nur zurückgeschossen. So rechtfertigte Hitler den Krieg. Die Amerikaner rechtfertigten ihren Krieg gegen den Irak, weil sie davon ausgingen, Saddam Hussein hätte massenweise chemische Waffen gelagert, die er gegen den Westen einsetzen würde, als sich diese These jedoch nicht bewahrheitete, wurde der Einmarsch damit begründet, dass der brutale Herrscher gestürzt und eine Demokratie im Land eingeführt werden müsse. Gegenwärtig wird solch ein Krieg als humanitäre Intervention bezeichnet. Diese ist jedoch keinesfalls gewaltfrei, sondern es ist ein militärischer Eingriff in ein anderes, souveränes Land. Im Ukraine Krieg rechtfertigte Putin die Invasion mit der Einkreisung Russlands durch die Nato und der Misshandlung der russischstämmigen Bevölkerung. Es lassen sich immer wieder Gründe finden, Kriege zu rechtfertigen. Die Rechtfertigung eines Krieges dient zum einen der eigenen Bevölkerung, damit sie den Krieg unterstützt und zum anderen der Weltöffentlichkeit, denn sie soll ja nichts gegen den Krieg einzuwenden haben.

Drittens klingt es auch absurd, davon auszugehen, dass der Krieg nicht nur der Vater aller schlechten, sondern auch aller guten Dinge sei, nämlich Fortschritt bringe, denn im Krieg stecke nicht nur eine Zerstörungsmacht, vielmehr sei er ebenso eine der größten historischen Gestaltungskräfte. Die anlaufende Produktion in technischen und medizinischen Bereichen sei ein Kriegsgeschöpf. Zweifelsohne werden im Krieg neue Waffensysteme entwickelt und zivile Produkte erzeugt, die dann dem Kriege zugutekommen. Doch der technische Fortschritt war z. B., bezogen auf die Jahre vor dem 1.Weltkrieg, bereits da, denn das Zeitgefühl der Moderne manifestierte sich zu Beginn des 20.Jahrhunderts in den aufstrebenden Wissenschaften und in den vielfältigen produktiven Techniken, dem Verkehrsausbau und dem Warentransport. Die vielversprechenden technischen und wissenschaftlichen Errungenschaften wurden durch den Krieg auf die militärische Dimension ausgerichtet und die Vorkriegshoffnung auf eine dem Menschen dienende Technik wurde schnell zu seiner Bedrohung. Man stelle sich einmal vor, ein Atomkrieg breche aus, dann könnte die Schlussfolgerung nur die sein, dass der Krieg der Vater aller schlimmen Dinge ist und sonst nichts. Es ergibt nur Sinn von Fortschritt zu reden, wenn der technische Fortschritt sich mit dem kulturellen Fortschritt vereint, wenn es einen Brückenschlag zwischen den Geistes- und Kulturwissenschaften auf der einen und den Natur- und Technikwissenschaften auf anderen Seite gibt und das war in den meisten Kriegen bislang nicht der Fall. Selbst in der Gegenwart ist diese technologische und kulturelle Koppelung noch nicht sehr weit entwickelt. Was den medizinischen Fortschritt im Kriege anbetrifft, so kann man zwar der These zustimmen, dass die Medizin während des Krieges Möglichkeiten sah, sich zu entfalten, Im 1.Weltkrieg wurden viele Soldaten zu Patienten und ihre Infektionen, Knochenbrüche und anderen Probleme wurden mithilfe des medizinischen Fortschritts erfolgreich behandelt, so ist dieser Fortschritt zwar zu würdigen, doch es stellt sich die Frage, ob die Medizin eines Krieges mit Millionen Toten und Verletzten bedurfte, um Patientenmaterial zur Verfügung gestellt zu bekommen und auf diese Weise medizinisch fortzuschreiten.

Der dritte Teil der Arbeit ging auf die Friedenskultur ein, die erstens auf einer friedfertigen Geistes- und Gemütshaltung beruht, die jesuanische, stoische und buddhistisches Gedankengut inkorporiert, welche die negativen, für Kriege verantwortlichen Untugenden, wie Zorn, Hass, Rache, Habgier unter Kontrolle bringen sollen. Zweitens soll dadurch ein offener, gleichberechtigter und toleranter Umgang mit den Mitmenschen praktiziert werden, ein offener Dialog, der diverse Vorstellungen aufgreift und alles zur Debatte stellt – unter dem Motto, dass es keine absolut Wahrheit gibt. Das Hinterfragen des Absoluten trägt dazu bei, dass auch die Macht der einen über die anderen infrage gestellt wird, denn die Machtfrage ist zumeist der Auslöser von Feindseligkeiten, wie dies am Beispiel der Französischen und Russischen Revolution erörtert wurde. Das unterdrückte Bürgertum begehrte auf und forderte Freiheit und Gleichheit. In der Russischen Revolution forderte das ausgebeutete Proletariat zusammen mit den Bauern Macht und Einfluss. Drittens wird das Gewaltsame der Revolutionen in einer Friedenskultur abgelehnt, nicht jedoch der berechtigte Widerstand, wie er sich z. B. in der damaligen DDR, in dem von Gandhi geführten indischen Befreiungskampf oder in dem von Martin Luther King initiierten und organisierten Aufstand gegen die Unterdrückung der schwarzen Bevölkerung manifestierte. Der berechtigte Widerstand muss die Form einer „Entunterwerfung“ annehmen. Die Unterdrückten bleiben nicht passiv, sondern kämpfen mit friedlichen Mitteln und auf der hohen Ebene der

Würde und Disziplin gegen Missachtung fundamentaler menschlicher Rechte. Viertens muss ein Umdenken eingeleitet werden, aufgrund dessen Konflikte jedweder Art nicht länger durch Gewalt gelöst werden. Eine Friedenshaltung soll die Gewalthaltung ersetzen, die, wie sonstige Fertigkeiten, erlernt werden muss. Friedenserziehung und Gewaltprävention könnten dabei unterstützend wirken. Es sollen Wege gefunden werden, Gewalt mithilfe rechtzeitigen Handelns zu verhindern – eine wesentliche und bedeutende Aufgabe präventiver Diplomatie. Dieses Ziel verfolgen zurzeit einige lokale, auf Frieden bedachte Gruppen und Netzwerke, wie Peace Direct oder Netzwerk Friedenskooperative. Fünftens ist es eine der dringlichsten Angelegenheiten nach Ausbruch eines Krieges so schnell wie möglich Wege zu finden, ihn zu beenden. Gegensätze müssen entschärft werden und es muss den Parteien klar werden, dass Frieden nicht mit dem Einsatz von mehr Waffen beendet werden kann, sondern nur mit einem Kompromiss, der nicht auf einer win-lose Strategie aufbaut, wie dies im Versailler Vertrag der Fall war und die mit für den 2. Weltkrieg verantwortlich war. Beispielhaft war der westfälische Friedensvertrag von 1648, dem eine hervorragende Kunst der Friedensschließung zugrunde lag, Es wurde ein Kompromiss gefunden, mit dem alle Parteien leben konnten – eine win-win Situation. Ein solche Verhandlungsgeschicklichkeit ist auch in der Zukunft erwünscht.

Wenn ein Blick in die Zukunft geworfen wird, dann gibt es hinsichtlich der möglichen Kriege auf der einen Seite die finstere und pessimistische Perspektive und auf der anderen Seite die helle und optimistische Sichtweise. Die erste geht davon, dass Kriege nicht vermieden werden können, denn der Mensch neige immer wieder zu Hass und Aggressionen, seien sie genetisch bedingt oder Reaktionen auf bestimmte politische und sozioökonomische Bedingungen, die das Leben einengen und vitale Bedürfnisse nicht befriedigen. Die meisten Kriege finden zurzeit in Afrika und Asien statt. Bewaffnete Gruppierungen kämpfen dabei gegeneinander oder gegen Regierungstruppen. Eines der größten Probleme ist die Unterentwicklung in vielen Teilen der Welt, insbesondere in Afrika, wo den Menschen nur geringe Arbeitschancen gewährt werden, Versorgungsengpässe zu verzeichnen sind und sie daher ihr Leben in Armut fristen müssen. Nicht wenige wollen der Armut durch Flucht in entwickelte Länder entkommen. Dieser ständige Kampf ums Dasein trägt zu kontinuierlichen Konflikten bei, deren Eskalation nicht verhindert werden kann, wenn nicht grundlegende Veränderungen oder soziale Reformen vollzogen werden. In den meisten unterentwickelten Ländern klafft eine tiefe Kluft zwischen reich und arm. Eine relativ kleine Schicht des Landes hat sich Reichtum angeeignet, während ein Großteil der Bevölkerung oft nicht das Notwendigste im Leben zur Verfügung gestellt bekommt und dahin darbt. Die Herrschenden bleiben an der Macht, da sie viel Geld für Waffen aus dem Ausland ausgeben, die zum einen ihre Macht festigen und zum anderen fehlt dann das Geld für andere Bereiche des täglichen Lebens für die Bevölkerung. Friedensbemühungen sind oft unzulänglich, solange es zu keiner sozialen Gerechtigkeit kommt und die meisten Menschen keine Macht und keine Einflussmöglichkeiten im Lande haben.

Die hellere, optimistische Perspektive ist die, dass davon ausgegangen wird, dass der Mensch friedfertig sein kann, und Hass, Neid und Aggressionen kontrollieren kann, Diese Friedfertigkeit kann sich im mikrokosmischen Alltagsleben (Familie, Nachbarschaft Bildungs- und Arbeitsbereichen, Stadtviertel) manifestieren und sich von hier aus auf makrokosmische Einheiten ausweiten. Der einzelne friedfertige Mensch kann dann an diversen Konsortien der Nichtregierungsorganisationen teilnehmen und friedensfördernde Programme und Dienstleistungen unterstützen. Dort kann er mit lokalen Friedenstruppen zusammenarbeiten, um sich für Frieden in gewissen Krisengebieten einzusetzen. Ihm wird es dort ermöglicht, Handlungsmöglichkeiten wahrzunehmen, die der Anwendung von Gewalt zuvorzukommen wollen. Diese Gewaltprävention soll auf eine friedliche Bearbeitung von Konflikten hinarbeiten und gewalttätige Auseinandersetzungen vermeiden. Während Waffen von Rüstungsfirmen in Krisenzeiten das Ziel verfolgen, die Macht bestimmter autoritärer Führer in diversen Ländern zu festigen, was zumeist zu größeren Konflikten und vielen Verwundeten und Toten beiträgt, sollen unbewaffnete Friedenstruppen sich mit Einheimischen zusammentun und gemeinsam mit ihnen nach Lösungsmöglichkeiten der vielfältigen Konflikte suchen. Dieses Umdenken oder auch Querdenken entspricht sowohl einer Politik von unten als auch einer Politik präventiver Diplomatie, die durch ein Umdenken neue Konfliktlösungen eröffnen und eine Neuausrichtung des Krisengebietes ermöglichen könnten.

Aus dem Ukraine Krieg kann die Schlussfolgerung gezogen werden, dass Militärbündnisse, die Sicherheit durch multiple fortgeschrittene Waffensysteme erreichen wollen, wie z. B. die Nato mit ihrer ständigen Erweiterung der Militärallianz, auf diese Weise nicht zum Frieden beizutragen vermögen, denn das Paradigma „Waffen sind abschreckend und Waffen sind friedensdienlich" beruht auf einem falschen Denken und sollte durch einen Paradigmenwechsel abgelöst werden, nach dem „Frieden schaffen ohne Waffen" bestimmend für die Zukunft sein sollte. Statt Militärbündnissen sollte es zu Friedensallianzen kommen. Russland hätte in den neunziger Jahren, nach der Auflösung der Sowjetunion, in eine partnerschaftliche und kooperative Beziehung eintreten können. Doch diese Chance wurde leider durch das hegemoniale Machtstreben der USA vertan. Ob sich solch eine Chance nochmals eröffnen wird, kann man nicht voraussagen, aber es ist wiederum zweifelhaft, ob die Weltmacht USA das nächste Mal eine andere Geisteshaltung zeigen wird, denn sie wollen die Supermacht Nummer eins bleiben.